게임북

이야기공방 엮음

도서출판 학은미디어

책머리에

국어 학습도 논술도 풍부한 어휘력이 바탕이 되어야 함은 두말할 나위도 없습니다. 어휘력이 풍부해지려면 다방면에 걸친 다양한 어휘를 자연스럽게 많이 접해야 합니다. 주위 사람들과 즐겨 대화를 나누고, 동화책이며 신문 같은 읽을거리를 가까이하면 어휘력이 쑥쑥쑥 자라나지요. 어휘력 개발 책을 이용하는 것도 좋고요.

이 책은 즐겁게, 자연스럽게, 쉽게 다양한 어휘를 경험할 수 있도록 숨은낱말찾기, 미로놀이, 끝말잇기, 가로세로 낱말 퍼즐 등 놀이 활동을 활용한 어휘력 개발 게임북입니다. 쉽고 간결한 낱말풀이를 곁들인 미니 국어 사전이기도 하고요. 입학 전 유아들도 편안히 이용할 수 있지요.

자음자 ㄱ~ㅎ, 쌍자음자와 함께 관련 낱말을 익히는 첫째 마당, 온갖 모양의 퍼즐로 꾸민 알콩달콩 둘째 마당, 단계별로 어휘력을 체크하는 셋째 마당, 두뇌 자극 게임으로 신 나게 즐기는 넷째 마당, 친절한 문제풀이와 헷갈리기 쉬운 우리말과 외래어를 일목요연하게 정리한 다섯째 마당….

꼭 알아야 할 국어 상식을 쉽게 풀어 쓴 쏙쏙 우리말 상식까지 담겨 있어, 온 가족이 이용할 수 있답니다.

깜찍한 미니북으로 신 나는 우리말 탐험을 해 보세요!

첫째 마당

자음자 ㄱ~ㅎ, 쌍자음자와 함께 가로세로 낱말 퍼즐

1 자음자 ㄱ~ㅎ의 이름을 정확히 알고, ㄱ~ㅎ으로 시작하는 낱말을 알아봅니다.

2 각 낱말에 해당하는 영어 단어도 함께 익힙니다.

3 쌍자음자 ㄲ, ㄸ, ㅃ, ㅆ, ㅉ의 이름을 정확히 알고, 각 쌍자음자로 시작하는 낱말을 알아봅니다.

4 각 낱말을 가로세로 퍼즐 속에서 찾아 묶어 봅니다.

*우리말로 표기한 영어 발음은 원어민의 정통 발음을 최대한 따랐습니다.

ㄱ으로 시작하는 낱말을 알아보고, 오른쪽에서 각 낱말을 찾아 묶으세요.

가위
scissors
[sízərz] 씨저즈

가수
singer
[síŋər] 씽어

개구리
frog
[frɔ́:g] 프로오그

거울
mirror
[mírər] 미러

곰
bear
[bέər] 베어

금붕어
goldfish
[góuldfiʃ] 고울드피쉬

기린
giraffe
[dʒərǽf] 저래프

기	가	수	거	소	고
서	위	더	차	아	레
우	곡	궁	개	귀	러
기	른	카	구	어	붕
저	거	울	리	머	저
은	자	운	금	곰	기
봉	족	가	붕	곱	린
다	허	곡	어	시	인

ㄴ으로 시작하는 낱말을 알아보고,
오른쪽에서 각 낱말을 찾아 묶으세요.

나무
tree
[trí:] 트리이

나비
butterfly
[bʌ́tərflài] 버터플라이

냉장고
refrigerator
[rifrídʒərèitər] 리프리줘레이터

노랑
yellow
[jélou] 옐로우

노래
song
[sɔ́:ŋ] 쏘옹

농장
farm
[fá:rm] 파암

누나
sister
[sístər] 씨스터

너	노	비	장	보	림
레	탁	더	홍	오	극
녹	라	나	비	타	차
노	구	무	깨	맛	너
익	치	근	누	나	장
누	너	초	다	냉	낭
파	노	랑	농	장	카
호	래	거	획	고	구

ㄷ으로 시작하는 낱말을 알아보고,
오른쪽에서 각 낱말을 찾아 묶으세요.

다람쥐
squirrel
[skwə́:rəl] 스쿼어럴

다리
leg
[lég] 레그

당근
carrot
[kǽrət] 캐럿

도깨비
goblin
[gɑ́blin] 가블린

돼지
pig
[píg] 피그

두더지
mole
[móul] 모울

두부
bean curd
[bí:n kə̀:rd] 비인커어드

조	다	람	쥐	나	돼
처	리	불	두	더	지
웨	라	선	항	러	종
바	록	도	깨	비	다
권	옹	사	성	분	랑
컴	당	근	둑	호	아
톡	너	지	차	중	두
다	깡	토	암	마	부

ㄹ로 시작하는 낱말을 알아보고,
오른쪽에서 각 낱말을 찾아 묶으세요.

라 면
instant noodles
[ínstənt nùːdlz] **인**스턴트누우들즈

라 디 오
radio
[réidiòu] **레**이디오우

로 봇
robot
[róubət] **로**우벗

로 켓
rocket
[rákit] **라**킷

레 슬 링
wrestling
[résliŋ] **레**슬링

레 몬
lemon
[lémən] **레**먼

리 본
ribbon
[ríbən] **리**번

저	다	존	바	라	면
심	결	호	험	디	꾸
라	목	고	나	오	초
걸	겨	치	레	슬	링
사	음	녀	몬	바	귀
로	봇	루	마	갈	김
켓	탈	바	리	펴	색
나	철	구	본	마	근

ㅁ으로 시작하는 낱말을 알아보고,
오른쪽에서 각 낱말을 찾아 묶으세요.

마늘
garlic
[gáːrlik] 가아릭

마라톤
marathon
[mǽrəθàn] 매러싼

말
horse
[hɔ́ːrs] 호오스

메뚜기
grasshopper
[grǽshàpər] 그래스하퍼

모자
hat
[hǽt] 햇

무지개
rainbow
[réinbòu] 레인보우

민들레
dandelion
[dǽndəlàiən] 댄덜라이언

민	연	루	메	뚜	기
들	터	보	구	아	해
레	모	자	당	유	바
벼	비	마	둑	마	늘
왕	주	무	카	라	두
며	마	지	총	톤	원
파	말	개	후	우	커
무	의	가	규	모	랑

ㅂ으로 시작하는 낱말을 알아보고,
오른쪽에서 각 낱말을 찾아 묶으세요.

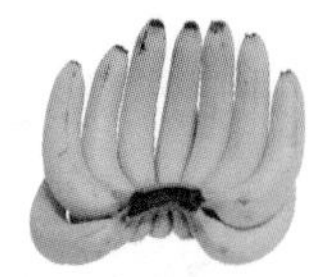

바나나
banana
[bənǽnə] 버내너

바다
sea
[síː] 씨이

버스
bus
[bʌ́s] 버스

병원
hospital
[hɑ́spitəl] 하스피털

부엌
kitchen
[kítʃən] 키친

비누
soap
[sóup] 소우프

비행기
airplane
[ɛ́ərplèin] 에어플레인

자	약	부	엌	노	경
달	혀	식	구	주	라
자	비	행	기	타	부
렴	누	프	서	포	나
고	바	나	나	바	기
네	다	호	백	푸	승
파	나	뻬	병	원	카
도	슬	겨	익	버	스

부대찌개

햄, 소시지, 김치, 떡, 라면, 두부 따위를 재료로 하여 진하게 끓인 **부대찌개**는 부대, 즉 군대와 관련이 깊은 찌개입니다.

육이오 전쟁이 일어나 고기가 부족하던 시절, 경기도 의정부 · 송탄 등지에 주둔하는 미군 부대에서 흘러나온 햄, 소시지 등을 이용한 찌개가 만들어지기 시작했습니다. 얼큰한 것을 좋아하는 우리나라 사람의 입맛에 맞게 김치, 고추장 등으로 매운맛을 낸 찌개였지요.

라면이 등장하면서부터는 라면도 넣고, 나중에는 가래떡, 두부, 각종 채소까지 넣는 대중적인 음식으로 발전했습니다. 요즘은 부대찌개를 전문으로 파는 식당까지 생겨났지요.

육이오 전쟁의 아픔이 담긴 부대찌개는 사촌뻘인 음식까지 갖게 되었습니다. 서울 용산구에 자리한 미군 부대를 중심으로 생겨난 **존슨탕**이라 불리는 음식이지요.

존슨탕은 김치 대신 양배추를 넣고 치즈까지 넣어 걸쭉하게 끓이는데, 즉석에서 끓여 먹는 부대찌개와 달리 주방에서 조리된 것을 내온답니다.

존슨탕이란 이름은 미국 36대 대통령 '존슨'의 이름을 딴 것이래요.

내 이름을 가진
요리가 있다니,
가문의 영광입니다.

ㅅ으로 시작하는 낱말을 알아보고,
오른쪽에서 각 낱말을 찾아 묶으세요.

사자
lion
[láiən] 라이언

사과
apple
[ǽpl] 애플

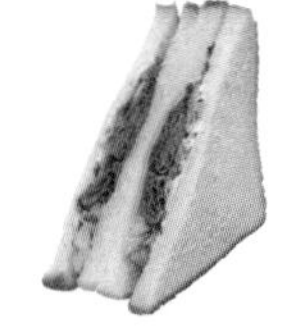

샌드위치
sandwich
[sǽn*d*witʃ] 쌘드위치

소녀
girl
[gə́ːrl] 거얼

수건
towel
[táuəl] 타우얼

수박
watermelon
[wɔ́ːtərmèlən] 워어터멜런

시계
clock
[klák] 클락

사	과	스	수	나	히
자	타	도	버	우	려
소	료	아	무	디	왜
바	가	수	박	요	나
서	흑	건	키	바	샌
곡	정	버	소	녀	드
추	나	위	시	동	위
다	혹	거	계	마	치

ㅇ으로 시작하는 낱말을 알아보고,
오른쪽에서 각 낱말을 찾아 묶으세요.

아버지
father
[fɑ́:ðər] 파아더

열쇠
key
[kí:] 키이

오리
duck
[dʌ́k] 덕

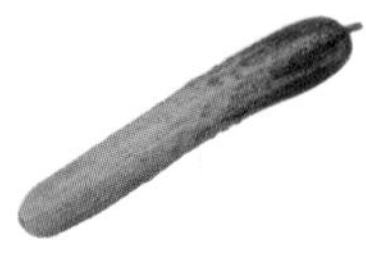

오이
cucumber
[kjú:kʌmbər] 큐우컴버

우산
umbrella
[ʌmbrélə] 엄브렐러

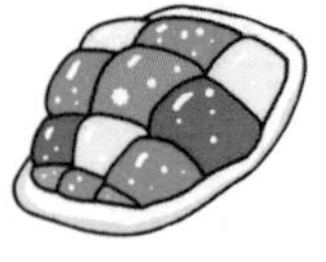

이불
quilt
[kwílt] 퀼트

인형
doll
[dɑ́l] 달

브	다	처	바	꽹	모
음	항	아	버	지	라
고	라	압	노	터	앙
우	산	미	부	아	니
서	곡	오	리	바	도
가	력	이	송	트	아
푸	류	불	인	형	열
흑	허	가	쏘	마	쇠

ㅈ으로 시작하는 낱말을 알아보고,
오른쪽에서 각 낱말을 찾아 묶으세요.

자동차
car
[ká:r] 카아

자두
plum
[plʌ́m] 플럼

전화
telephone
[téləfòun] 텔러포운

접시
dish
[díʃ] 디쉬

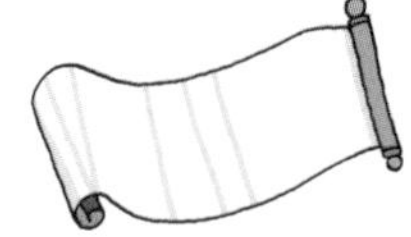

종이
paper
[péipər] 페이퍼

지렁이
earthworm
[ə́:rθwə̀:rm] 어어쓰워엄

지우개
eraser
[iréisər] 이레이서

방	접	시	바	히	루
차	전	노	쿠	아	종
주	화	에	지	렁	이
바	구	카	우	의	즈
송	회	노	개	무	다
가	이	후	자	동	차
퓨	나	바	두	자	쿠
다	주	애	차	오	고

ㅊ으로 시작하는 낱말을 알아보고,
오른쪽에서 각 낱말을 찾아 묶으세요.

창 문
window
[wíndou] **윈**도우

채 소
vegetable
[védʒitəbl] **베**지터블

책
book
[búk] **북**

축 구
soccer
[sɑ́kər] **싸**커

치 마
skirt
[skə́:rt] 스**커**어트

치 약
toothpaste
[tú:θpèist] **투**우쓰페이스트

침 대
bed
[béd] **베**드

자	요	라	필	침	대
차	그	양	가	커	로
혼	라	답	소	북	바
바	스	자	표	치	약
으	자	축	카	마	다
거	술	구	재	지	한
창	채	소	어	책	카
문	없	라	신	마	읔

ㅋ으로 시작하는 낱말을 알아보고,
오른쪽에서 각 낱말을 찾아 묶으세요.

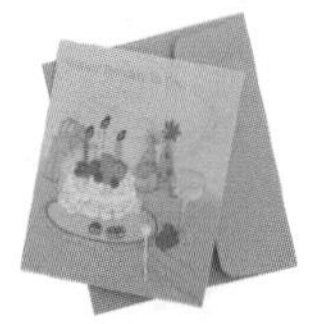

카드
card
[ká:rd] 카아드

캥거루
kangaroo
[kæ̀ŋgərú:] 캥거루우

커피
coffee
[kɔ́(:)fi] 코(오)피

컵
cup
[kʌ́p] 컵

코끼리
elephant
[éləfənt] 엘러펀트

코알라
koala
[kouɑ́:lə] 코우아알러

크리스마스
Christmas
[krísməs] 크리스머스

크	더	택	크	나	본
컵	코	끼	리	아	일
스	알	디	스	타	치
교	라	화	마	으	너
드	자	나	스	카	도
가	만	호	이	드	아
팡	나	캥	거	루	커
두	하	배	아	화	피

ㅌ으로 시작하는 낱말을 알아보고,
오른쪽에서 각 낱말을 찾아 묶으세요.

타조
ostrich
[ɔ́:stritʃ] 오오스트리취

택시
taxi
[tǽksi] 택시

텔레비전
television
[téləvìʒən] 텔러비전

토끼
rabbit
[rǽbit] 래빗

토마토
tomato
[təméitou] 터메이토우

튤립
tulip
[tjú:lip] 튜울립

티셔츠
T-shirt
[tí:ʃə:rt] 티이셔어트

목	다	텔	버	어	나
상	트	레	가	타	조
저	라	비	쓰	타	티
감	가	전	튤	구	셔
토	마	토	립	파	츠
끼	택	호	마	디	아
파	시	봉	서	자	한
디	유	가	굴	스	차

ㅍ으로 시작하는 낱말을 알아보고,
오른쪽에서 각 낱말을 찾아 묶으세요.

파 도

wave

[wéiv] **웨**이브

파 리

fly

[flái] 플**라**이

팔

arm

[ά:rm] **아**암

펭 귄

penguin

[péŋgwin] **펭**귄

포 도

grape

[gréip] 그**레**이프

피 아 노

piano

[piǽnou] 피**애**노우

피 자

pizza

[pí:tsə] **피**이처

마	도	호	바	나	과
로	타	쿠	가	오	라
팔	서	계	나	타	아
바	력	카	피	자	나
펭	권	씨	아	바	상
가	파	리	노	파	아
포	도	바	의	으	카
다	협	고	전	마	출

ㅎ으로 시작하는 낱말을 알아보고,
오른쪽에서 각 낱말을 찾아 묶으세요.

하마
hippo
[hípou] 히포우

해바라기
sunflower
[sʌ́nflàuər] 썬플라우어

햄버거
hamburger
[hǽmbə̀ːrgər] 햄버어거

헬리콥터
helicopter
[héləkàptər] 헬러캅터

호랑이
tiger
[táigər] 타이거

호박
pumpkin
[pʌ́m(p)kin] 펌(프)킨

화장실
bathroom
[bǽθrùːm] 배쓰루움

함	다	요	바	기	코
부	타	화	장	실	라
자	헬	이	노	투	하
티	리	강	호	박	마
세	콥	나	랑	파	해
가	터	피	이	크	바
괴	햄	버	거	자	라
스	아	알	아	흐	기

ㄲ으로 시작하는 낱말을 알아보고, 오른쪽에서 각 낱말을 찾아 묶으세요.

까마귀
crow
[króu] 크로우

까치
magpie
[mǽgpài] 맥파이

깡통
can
[kǽn] 캔

깔개
rug
[rʌ́g] 러그

꿩
pheasant
[fézənt] 페전트

꽃
flower
[fláuər] 플라우어

꿀
honey
[hʌ́ni] 허니

바	까	마	귀	나	커
꾸	치	바	꼬	어	라
형	라	깡	통	타	껴
바	모	켜	리	정	나
뜨	자	깔	끄	바	드
그	마	개	버	꽃	아
꿀	나	코	후	저	카
더	쪼	가	관	미	꿩

무생물에도 암컷과 수컷이 있다?

생물의 암컷과 수컷을 나타내는 접두사 '암, 수'가 무생물에도 쓰이는 경우가 있습니다. 쌍무지개가 떴을 때, 빛이 더 곱고 맑게 보이는 무지개를 수무지개, 빛이 묽고 흐린 무지개를 암무지개라고 합니다.

지붕의 고랑이 되도록 젖혀 놓는 기와를 암키와, 암키와 사이를 엎어 잇는 기와를 수키와라고 합니다.

똑딱단추의 가운데가 볼록 튀어나온 단추를 수단추, 수단추가 들어가서 걸리게 된 단추를 암단추라고 합니다.

우리의 민속놀이인 줄다리기에 쓰는 줄은 대개 새끼로 꼬아 만드는데 암줄과 수줄로 되어 있습니다. 암줄에는 수줄의 머리를 끼울 수 있는 둥근 고리가 있지요.

표면에 볼록한 곳과 오목한 홈이 있어 암나사에 끼우게 되어 있는 나사를 수나사, 수나사를 끼울 수 있도록 나선형으로 나사골을 판 나사를 암나사라고 합니다. 예전에는 한글을 낮추어 암글, 한문을 수글이라고 했답니다.

➡ 오른쪽 페이지의 암 · 수가 붙은 말을 살펴보세요.
특히 *표가 붙은 말을 꼼꼼히 살피세요.

동·식물 암컷과 수컷

개	*암캐	*수캐
개미	암개미	수개미
강아지	*암캉아지	*수캉아지
거미	암거미	수거미
고양이	암고양이	수고양이
곰	암곰	수곰
꿩	암꿩, *까투리	수꿩, *장끼
나비	암나비	수나비
노루	암노루	수노루
닭	*암탉	*수탉, *장닭
당나귀	*암탕나귀	*수탕나귀
돼지	*암퇘지	*수퇘지
말	암말	수말
벌	암벌	수벌
사슴	암사슴	수사슴
은행나무	암은행나무	수은행나무
꽃	암꽃	수꽃
꽃술	암술, 암꽃술	수술, 수꽃술

ㄸ으로 시작하는 낱말을 알아보고,
오른쪽에서 각 낱말을 찾아 묶으세요.

딱따구리
woodpecker
[wúdpèkər] 우드페커

딸기
strawberry
[strɔ́:bèri] 스트로오베리

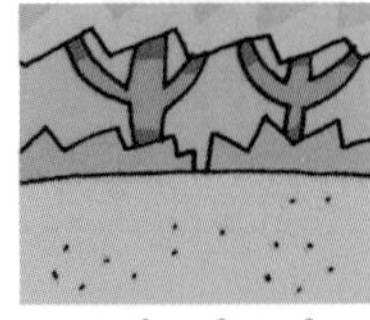

땅바닥
ground
[gráund] 그라운드

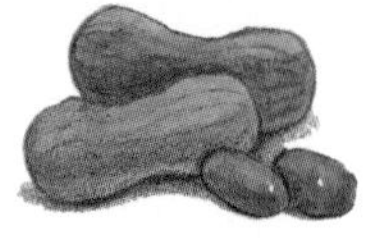

땅콩
peanut
[pí:nʌ̀t] 피이넛

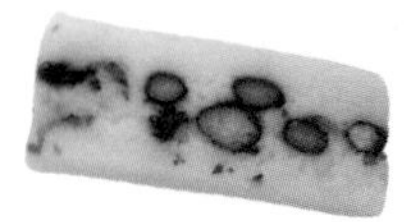

떡
rice cake
[ráis kèik] 라이스케이크

똥
dung
[dʌ́ŋ] 덩

뜰
yard
[já:rd] 야아드

뚜	다	딱	따	구	리
똥	타	머	거	드	라
자	음	아	떡	타	바
리	쇄	딸	케	아	노
숭	자	기	실	뜨	따
김	땅	콩	라	파	우
파	바	아	또	자	뜰
니	닥	라	희	푸	차

ㅃ으로 시작하는 낱말을 알아보고,
오른쪽에서 각 낱말을 찾아 묶으세요.

빠르다
fast
[fǽst] 패스트

빨강
red
[réd] 레드

빨래
wash
[wɑ́ʃ] 와쉬

빵
bread
[bréd] 브레드

뼈
bone
[bóun] 보운

뿌리
root
[rú(:)t] 루(우)트

뿔
horn
[hɔ́:rn] 호온

랑	다	인	바	걸	나
차	타	뻐	가	빨	강
자	호	아	너	래	차
예	겸	빵	소	아	팩
쁘	자	뿌	리	처	다
가	이	스	마	퍽	뿔
빠	르	다	두	자	증
드	일	고	아	뼈	뻐

ㅆ으로 시작하는 낱말을 알아보고,
오른쪽에서 각 낱말을 찾아 묶으세요.

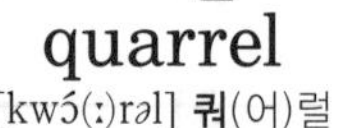

싸움
quarrel
[kwɔ́(:)rəl] **쿼**(어)렬

싹
sprout
[spráut] 스프**라**우트

쌀
rice
[ráis] **라**이스

쌍둥이
twins
[twínz] **트**윈즈

쓰다
write
[ráit] **라**이트

씨름
Ssireum

씻다
wash
[wάʃ] **와**쉬

자	아	의	바	나	써
쏘	타	쌀	가	련	트
자	쌍	둥	이	타	바
크	가	쭈	사	어	싸
호	총	도	싹	거	움
가	씻	항	마	쁘	아
쓰	다	타	쑤	로	키
트	하	체	아	씨	름

ㅉ으로 시작하는 낱말을 알아보고, 오른쪽에서 각 낱말을 찾아 묶으세요.

짜장면
Jjajangmyeon

짜증
annoyance
[ənɔ́iəns] 어**노**이언스

짝꿍
partner
[pɑ́ːrtnər] **파**아트너

짧다
short
[ʃɔ́ːrt] **쇼**오트

짬뽕
Jjamppong

찌개
Jjigae

찔레꽃
wild rose
[wáild ròuz] **와**일드로우즈

작	쩌	짜	장	면	이
차	쪼	증	거	독	라
쿠	찌	아	너	타	쭈
짬	뽕	찌	쪼	장	나
사	자	개	카	의	콜
스	찔	레	꽃	사	짧
파	나	과	가	핀	다
잘	더	가	짝	꿍	비

★자장면은 흔히 '짜장면'이라고 하며, 둘 다 표준어입니다.

자장면, 짜장면, 짬뽕

우리가 즐겨 먹는 **자장면**은 고기와 채소를 넣어 볶은 중국 된장에 국수를 넣어 비벼 먹는 중화요리입니다. 자장면이란 말은 중국어에서 온 말로 한자로는 炸醬麵(작장면)이라고 쓰지요.

실제로는 자장면보다 **짜장면**이란 말이 더 흔하게 쓰이고 있어, 얼마 전부터 짜장면도 표준어로 인정하고 있습니다.

짬뽕은 국수를 해물이나 채소와 섞어서 볶은 것에 돼지 뼈나 소뼈, 닭 뼈를 우린 국물을 부어 만드는 중화요리입니다. 짬뽕이란 이름은 중국어가 아닌 일본어에서 온 말이래요. 짬뽕은 일본어로 '섞음'을 뜻하지요.

짜장면과 짬뽕은 중국집에서 가장 인기 있는 메뉴들입니다. 짜장면을 먹을지 짬뽕을 먹을지 고민하는 사람들이 많잖아요. 그래서 등장한 것이 **짬짜면**입니다. 아이디어가 돋보이는 메뉴이지요.

짜장면이나 짬뽕에 쓰이는 국수는 흔히 기계를 이용하여 뽑는데, 손으로 직접 뽑아 쓰기도 합니다. 양손으로 밀가루 반죽의 양 끝을 잡고 길게 늘이다가 한 손으로 그 가운데를 잡고 다시 늘이고 바닥에 힘껏 때리는 과정을 되풀이하면 면발이 가는 가닥으로 나누어지며, 기계로 뽑는 국수보다 쫄깃쫄깃하고 맛있지요.

손으로 때려서 뽑는 국수라고 하여 手(손 수), 打(칠 타), 麵(국수 면), **수타면**이라고 부른답니다.

설렁탕

소의 뼈, 내장, 사태 등 여러 가지 질긴 부위를 오래오래 푹 고은 국에 밥과 국수를 말고 편육을 얹어서 깍두기와 함께 먹는 **설렁탕**은 농사를 중요하게 여긴 조선 시대의 경제 정책과 관계있는 음식입니다.

우리나라에서는 신라 시대부터 풍년을 기원하는 선농제(농사짓는 법을 가르친 고대 중국의 제왕 신농씨과 후직씨에게 풍년을 비는 제사)를 올렸습니다. 그 전통은 조선에도 이어져 서울 동대문 밖 선농단에서 임금과 조정 중신들이 참석한 가운데 선농제를 올렸습니다. 제사를 마친 뒤에는 선농단 앞에 마련한 밭에서 임금이 직접 밭을 갈아 농사의 소중함을 알렸지요.

이 행사에 참석한 사람들에게 쇠뼈를 고은 국물에 밥을 말아 대접했는데 이것이 바로 설렁탕입니다. 선농단에서 내린 국밥이라고 선농단이라 부르던 것이 선농탕 → 설롱탕 → 설렁탕으로 변한 것이지요.

둘째 마당

갖가지 모양으로 알콩달콩 낱말 퍼즐

1 자음자 ㄱ, ㄴ, ㄷ, ㄹ, ㅁ, ㅂ, ㅋ, ㅌ 모양의 낱말 퍼즐

2 말, 토끼, 악어, 노루, 올챙이, 고양이, 거북 등 동물 모양의 낱말 퍼즐

3 빗, 로봇, 자동차, 로켓, 리본 등 재미난 모양의 낱말 퍼즐

4 과일과 채소, 나라, 직업, 운동 경기, 악기, 꽃, 곤충, 음식 등 주제별 낱말 살펴보기

가로 열쇠와 세로 열쇠를 잘 살펴보고,
빈칸을 하나하나 채워 보세요.

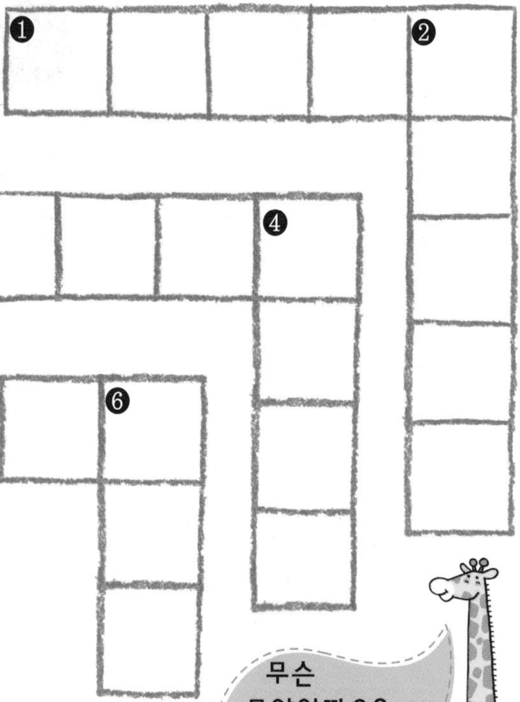

❶				❷
❸			❹	
❺		❻		

무슨 모양일까요?
내 이름의 첫소리…

가로 열쇠

1. 예수의 생일을 축하하는 명절. 우리나라에서는 12월 25일을 공휴일로 하고 있다.
3. 가을을 대표하는 꽃. 꽃잎의 끝이 톱니 모양으로 갈라지며, 흰색, 분홍색, 자주색 등 색이 매우 다양하다.
5. 조국을 사랑하는 뜻으로 온 국민이 부르는 노래
   예 우리나라의 ○○○는 "동해물과 백두산이 마르고 닳도록~"이라는 가사로 시작한다.

세로 열쇠

2. 운동 경기에서, 정정당당하게 승부를 겨루는 정신
   예 우승보다 값진 건 진정한 ○○○○○이야.

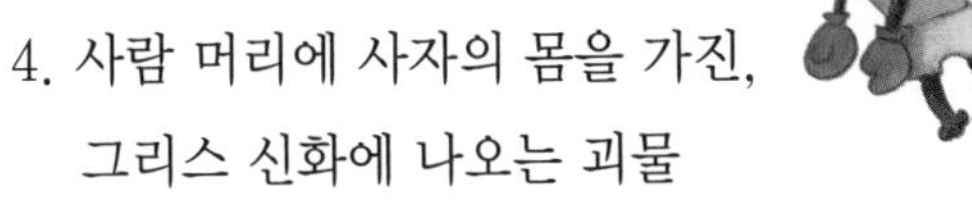

4. 사람 머리에 사자의 몸을 가진, 그리스 신화에 나오는 괴물
6. 어느 한쪽으로 치우치지 않은 한복판

가로 열쇠와 세로 열쇠를 잘 살펴보고,
빈칸을 하나하나 채워 보세요.

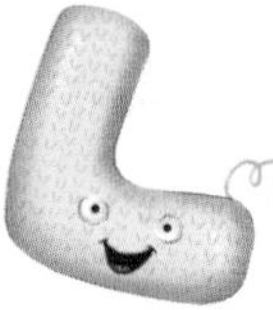

내 이름의
첫소리 ㄴ
모양이에요!

				❶		
	❸					
				❷		
❺						
	❹					
❻						

가로 열쇠

2. 잎이 바늘같이 뾰족하게 생긴 수목. 우리나라에는 소나무, 잣나무, 향나무 등이 있다.
4. 동화 속 여주인공. 새어머니와 그녀의 딸들에게 구박받으며 살다가, 궁중 무도회에서 잃어버린 유리 구두 한 짝이 인연이 되어 왕자와 결혼한다.
6. 입법 기관인 국회의 구성원. 국민의 선거에 의해 선출된다. ○○ ○○

세로 열쇠

1. 인기척을 내거나 목청을 가다듬거나 하기 위해서 일부러 하는 기침
3. 서로 옳으니 그르니 하며 다투는 모양
   예 영희와 철수는 항상 사소한 일로 ○○○○한다.
5. 우리나라의 이름
   ㉥ 한국

가로 열쇠와 세로 열쇠를 잘 살펴보고,
빈칸을 하나하나 채워 보세요.

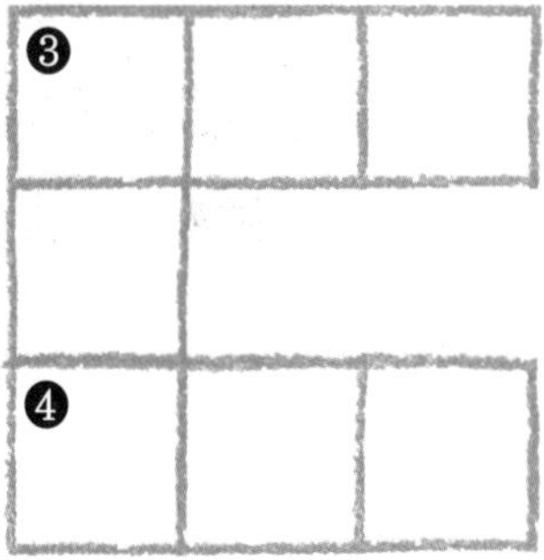

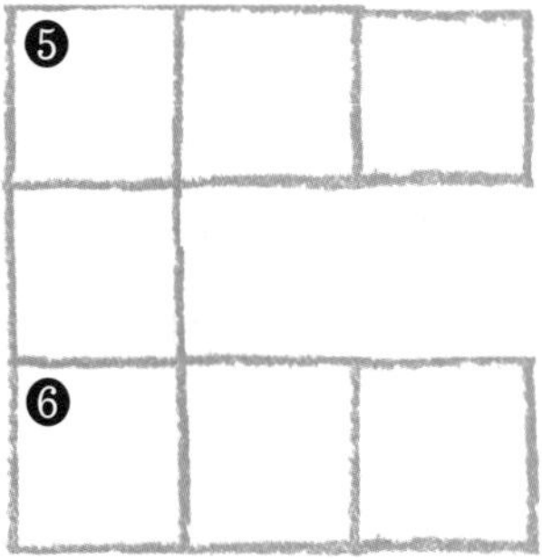

❶			
❷			

❸		
❹		

❺		
❻		

가로 열쇠

1. 나무의 가지
2. 새침한 성격을 지닌 사람

   ㊕ 시시덕이는 재를 넘어도

   ○○○○는 골로 빠진다
3. 오늘을 기준으로 전날의 밤
4. 거북선을 만든 조선의 명장.

   〈난중일기〉의 저자이기도 하다.
5. 다른 천을 덧대어 누덕누덕 기운 헌 옷
6. 종이, 점토, 접착제 등을 섞어 만든 공예 재료

세로 열쇠

1. 북쪽 번식지로부터 남쪽 월동지로 이동하는 도중에 봄, 가을 두 차례 지나가면서 잠깐 머무는 새. 도요새, 물떼새 등이 있다.
3. 아버지와 어머니를 아울러 이르는 말. ㊓ 부모
5. 솥 바닥에 눌어붙은 밥

가로 열쇠와 세로 열쇠를 잘 살펴보고,
빈칸을 하나하나 채워 보세요.

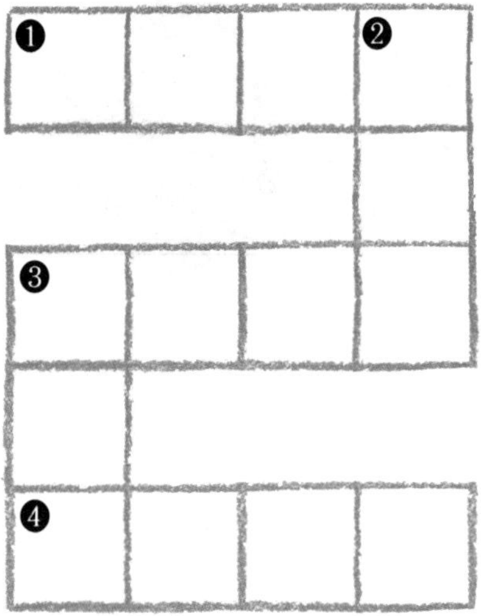

❶			❷
❸			
❹			

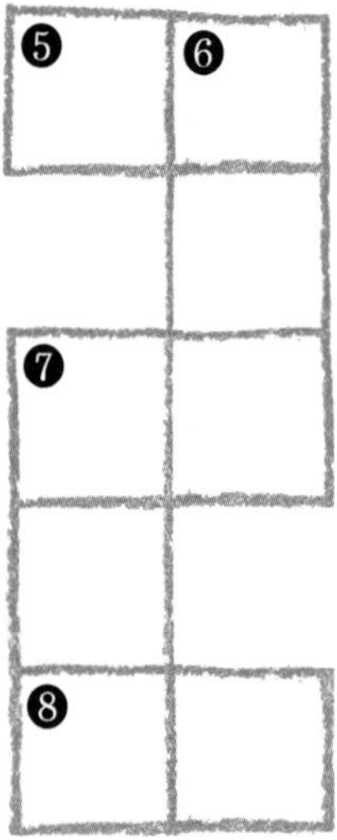

❺	❻
❼	
❽	

내 이름의
첫소리 ㄹ
모양이에요!

가로 열쇠

1. 뚝 떨어져 깎아지른 듯한 언덕
3. 국민이 주권을 가지고 스스로 권리를 행사하는 제도
4. 낱개의 성냥
5. 몸이 아주 큰 사람
7. 다른 것과 견줄 수 없이.

   예 선영이는 선생님께 칭찬을 받아 ○○ 기뻤다.
8. 칼로 음식의 재료를 썰 때 밑에 받치는 것

세로 열쇠

2. 지구의 모형. 회전축을 중심으로 세워져 있어 회전시킬 수 있다. ㊈ 지구본
3. 한 민족의 특유한 성질
6. 사람이 있음을 짐작할 수 있게 하는 소리나 기색
7. 사람이 살지 않는 섬

가로 열쇠와 세로 열쇠를 잘 살펴보고,
빈칸을 하나하나 채워 보세요.

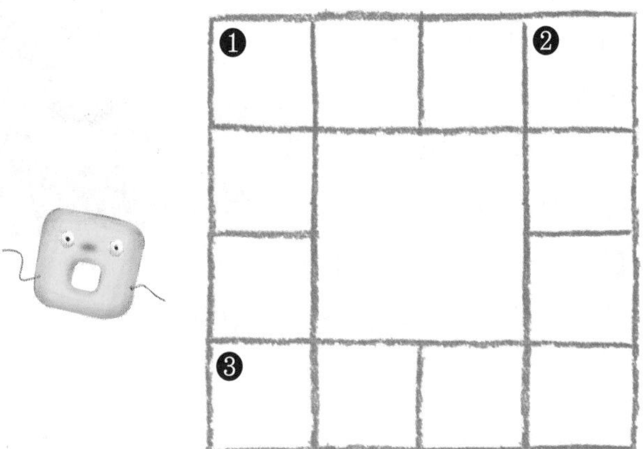

❹ ❺

❻

무슨
모양일까요?
내 이름의
첫소리…

가로 열쇠

1. 옹기 만드는 일을 직업으로 하는 사람

3. 신문이나 잡지 등에 실릴 만한 소재

   예 기자들은 늘 새로운 ○○○○를 찾는다.

4. 거미가 뽑아낸 줄

   예 거미가 먹잇감을 잡으려고 쳐 놓은 ○○○에 메뚜기가 걸려들었다.

6. 여러 갈래의 길이 엇갈린 네거리 같은 곳에 교통정리를 위하여 원형으로 만들어 놓은 교차로

세로 열쇠

1. 크기가 같지 않은 작은 것들이 귀엽게 모여 있는 모양

   예 어린아이들이 ○○○○ 모여 앉아 이야기꽃을 피웠다.

2. 일정한 방향이 없이 이쪽저쪽으로.

4. 차례, 방향 등이 반대로 되게.

5. 소설 등에서 핵심이 되는 대강의 내용

~장이 와 ~쟁이

장이는 어떤 기술을 가진 사람이란 뜻을 더하는 접미사입니다. 옹기장이, 칠장이, 간판장이, 땜장이, 양복장이 등과 같이 쓰이지요.

그런데 그림쟁이, 글쟁이, 노래쟁이, 점쟁이는 '~장이'가 아닌 '~쟁이'를 씁니다. 화가, 작가, 가수 등을 낮잡아서 이르는 말인 까닭이지요.

쟁이는 어떤 속성을 많이 가진 사람이란 뜻을 더하는 접미사입니다. 겁쟁이, 고집쟁이, 떼쟁이, 말썽쟁이, 멋쟁이, 무식쟁이, 방귀쟁이, 수다쟁이, 욕쟁이, 익살쟁이, 허풍쟁이 등으로 쓰이지요.

햇빛과 햇볕

햇빛은 해의 빛, 즉 일광(日光)을 이릅니다. "햇빛에 눈이 부시다.", "이슬방울이 햇빛에 반사되어 반짝거린다."와 같이 쓰이지요.

또한, 세상에 알려져 사람들에게 칭송받는 것을 비유적으로 이르는 말로도 쓰입니다.

"드디어 그의 작품이 햇빛을 보게 되었다."

햇볕은 해가 내리쬐는 뜨거운 기운을 이릅니다. "얼굴이 햇볕에 그을려 구릿빛으로 변했다.", "실내에서만 지내지 말고 이따금 햇볕을 쬐는 것이 건강에 좋다."와 같이 쓰이지요.

가로 열쇠와 세로 열쇠를 잘 살펴보고,
빈칸을 하나하나 채워 보세요.

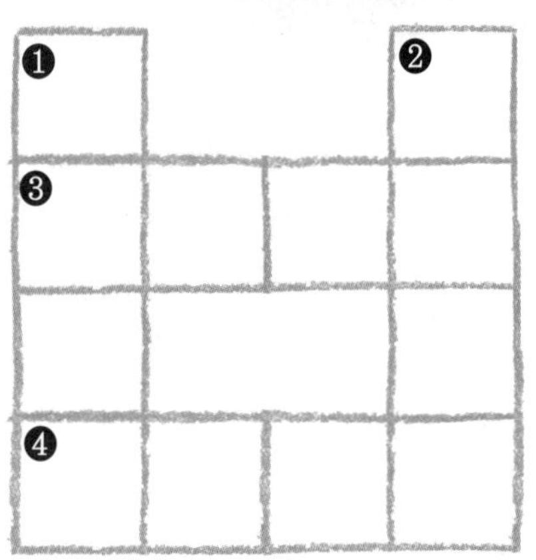

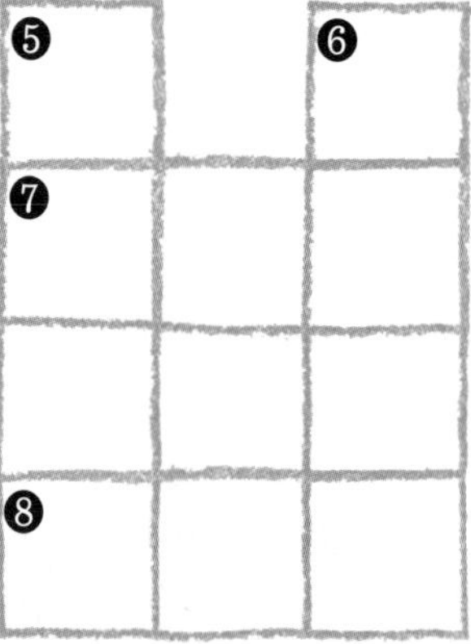

내 이름의
첫소리 ㅂ
모양이에요!

가로 열쇠

3. 다년생 덩굴성 식물. 뿌리에서 붉은색 염료를 얻는 식물로 널리 알려져 있다.
4. 아이들 여럿이 앞뒤로 한 줄로 서서 기차 소리를 흉내 내며 다니는 놀이

7. 연필 속에 들어 있는 가느다란 심. 실제로 글씨를 쓰는 부분이다.
8. 바나나를 좋아하는, 사람과 닮은 동물. 영어 이름은 monkey

세로 열쇠

1, 산의 맨 위
2. 덧니가 난 사람
5. 인간 생활이나 생산 활동에 이용되는 천연적인 물자나 에너지. 토지, 광물, 물, 나무 등이 있다.
6. 욕심이 많은 사람을 낮잡아 이르는 말

   ㉥ 욕심꾸러기

가로 열쇠와 세로 열쇠를 잘 살펴보고,
빈칸을 하나하나 채워 보세요.

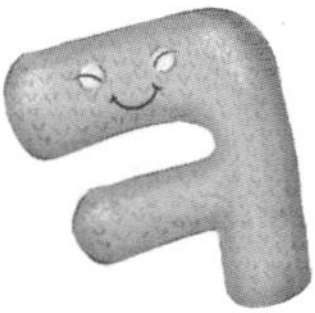

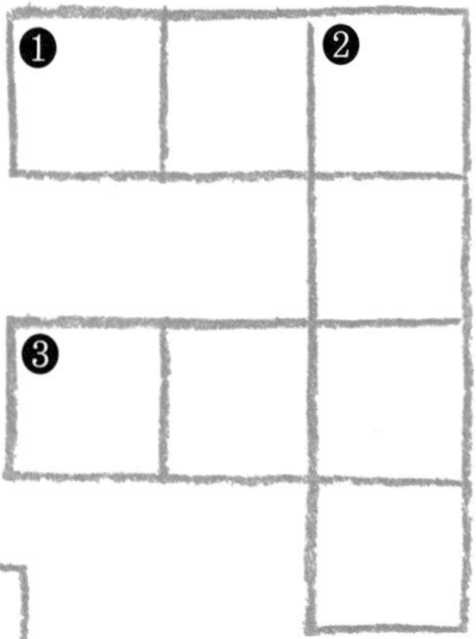

❶		❷
❸		

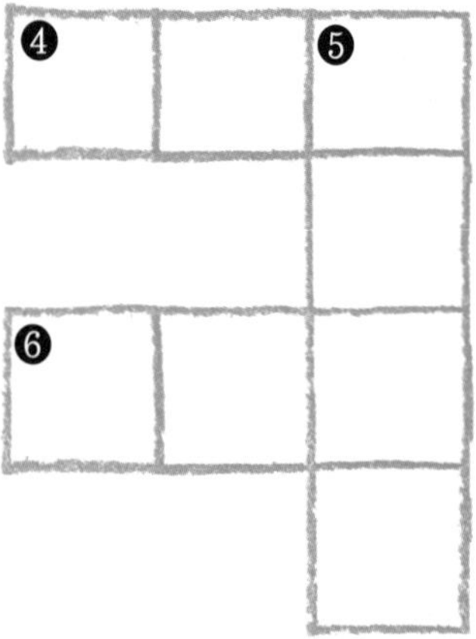

❹		❺
❻		

무슨 모양 일까요? 키읔, 키읔, 키읔…

가로 열쇠

1. 개구리의 어릴 적 이름. 몸통은 둥글며 꼬리가 있다.

   ㉪ 개구리 ○○○ 적 생각 못한다

3. 물체가 빛을 가려 그 물체의 뒷면에 드리워지는 검은 형상

4. 졸업장을 수여하는 의식

6. 우리나라 중서부에 있는 도. 서울특별시와 인천광역시를 감싸고 있다.

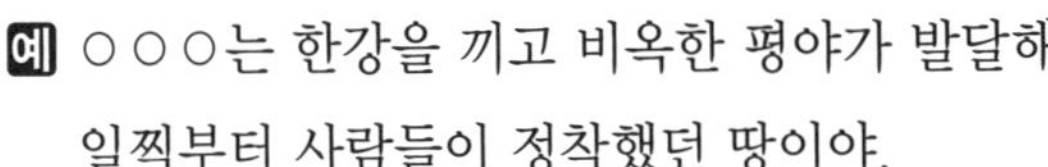

   예 ○○○는 한강을 끼고 비옥한 평야가 발달해 일찍부터 사람들이 정착했던 땅이야.

세로 열쇠

2. 이불과 요를 통틀어 이르는 말

   예 어머니는 ○○○○를 펴고 잠잘 준비를 하셨다.

5. 일정한 식물구계 안의 모든 식물을 채집하여 그 형태, 생태 등을 그림으로 그리고 설명을 붙인 책

가로 열쇠와 세로 열쇠를 잘 살펴보고,
빈칸을 하나하나 채워 보세요.

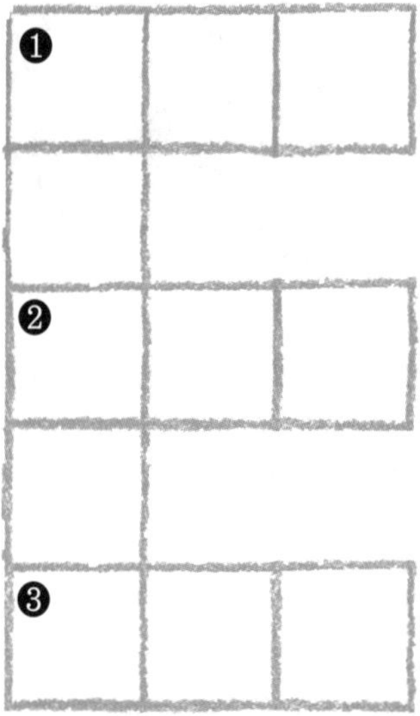

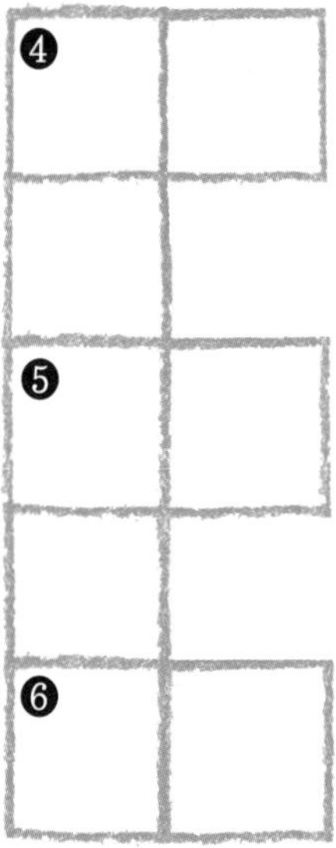

❶ ❷ ❸ ❹ ❺ ❻

내 이름의
첫소리 ㅌ
모양인데요!

가로 열쇠

1. 태양으로부터 지구에 도달하는 열
2. 아무런 조건이 없음.
3. 왕위를 이을 아들
4. 부부를 중심으로 한, 친족 관계에 있는 사람들의 집단
5. 신맛이 강한 노란색 과일. 음료, 식초 등의 원료로 쓰인다.
6. 돈, 카드 등을 넣을 수 있도록 가죽이나 헝겊 등으로 만든 자그마한 물건

세로 열쇠

1. 신라의 제29대 왕 김춘추를 이르는 말. ○○ ○○○
4. 가스를 연료로 음식을 조리하는 기구

   예 ○○○○○를 사용한 후에는 밸브를 잠그는 것을 잊지 말아야 한다.

도 루 묵

도루묵은 우리나라 근해의 수심 100~400m 정도의 모래가 섞인 뻘 바닥에 사는 농어목 도루묵과의 물고기입니다. 입이 큰 편이고 몸에 비늘이 없으며, 몸길이는 약 25cm, 몸빛은 황갈색이고 배 부분은 은백색입니다.

임진왜란 때 한 어부가 피난 온 선조(재위 1552~1608)에게 생선을 구워 올렸습니다. 몹시 배가 고팠던 선조는 처음 보는 그 생선을 아주 달게 먹고는 생선의 이름을 물었지요. '묵' 이라는 이름의 생선이라고 대답하자 선조는 맛에 어울리지 않는 이름이라며 친히 '은어(銀魚)' 라는 멋진 이름을 지어 주었습니다.

임진왜란이 끝나 궁궐에 돌아온 선조는 문득 피난 가서 먹었던 은어가 생각나 은어를 가져오게 하였습니다. 하지만 웬일인지 영 맛이 없었습니다. 먹을 것이 귀하던 전쟁 때인 데다 한창 배가 고플 때 먹은 터라 그렇게 맛이 있었던 것이지요. 하기야 은어는 본디 맛이 없기로 유명한 생선이거든요.

"이게 그때 먹었던 그 생선이 맞느냐?"
"그러하옵니다. 전하께옵서 은어라는 참으로 귀한 이름까지 내리셨사옵지요."
"허어, 그런가? 지금 먹어 보니 형편없구나. 도로 묵이라고 하여라."
이렇게 해서 은어는 '도로묵' 이란 이름을 갖게 되었고, 세월이 흐르면서 도로묵이 **도루묵**으로 변했답니다.
소득이 없는 헛된 일이나 헛수고를 속되게 이르는 '말짱 도루묵' 이란 말도 바로 이 이야기에서 생겨났대요.

쳇! 은어라는 예쁜 이름을 실컷 자랑했는데, 말짱 **도루묵**이잖아.

가로 열쇠와 세로 열쇠를 잘 살펴보고, 빈칸을 하나하나 채워 보세요. 누구를 닮았나요?

기다란 얼굴을 ㅇ상이라고 하지요. 내 얼굴, 정말 그래요?

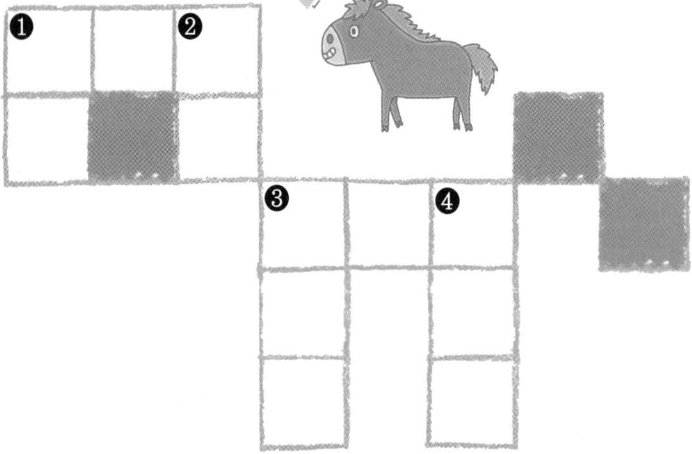

❶ ❷ ❸ ❹

가로 열쇠

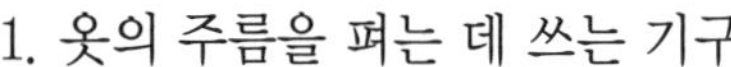

1. 옷의 주름을 펴는 데 쓰는 기구

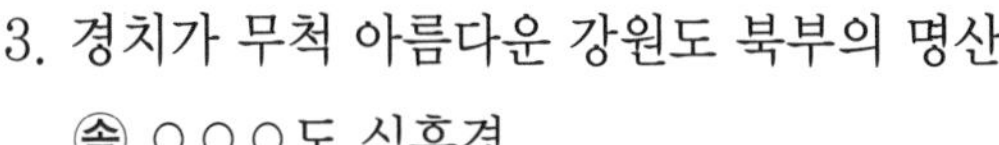

3. 경치가 무척 아름다운 강원도 북부의 명산
   ㊋ ○○○도 식후경

세로 열쇠

1. 사람과 동물의 몸통 아래 붙어 있는 부분
2. 아름다운 사람
3. 금은을 가공하거나 사고파는 가게
4. 산을 다스리는 신. 전래 동화에서는 주로 흰머리와 수염을 길게 늘어뜨리고 긴 지팡이를 든 할아버지 모습으로 나타난다.

가로 열쇠와 세로 열쇠를 잘 살펴보고, 빈칸을 하나하나 채워 보세요. 누구의 얼굴일까요?

쫑긋한 내 귀와
비교해 보세요.
깡충깡충~

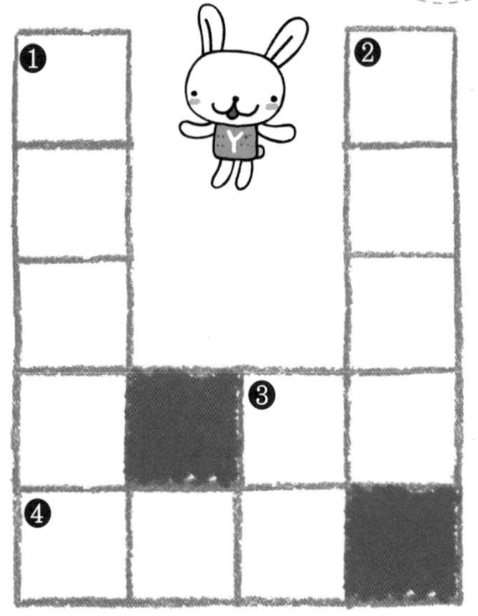

가로 열쇠

3. 나라에서 지정하여
   법률로 보장하는 문화재
   예 우리나라 ○○ 제1호는 서울 숭례문(남대문)이다.
4. 물에서 사는 아가미가 있는 척추동물
   속 ○○○는 물을 떠나 살 수 없다

세로 열쇠

1. 자연 가운데 특별한 보호가 필요하여 그 보호와
   보존을 법률로 지정한 개체 창조물이나 특이 현상,
   일정한 구역을 이르는 말
2. 날씨를 미리 예측하여 알리는 일. ○○ ○○
3. 한 나라를 상징하는 기. 우리나라의 태극기,
   미국의 성조기 등등.

가로 열쇠와 세로 열쇠를 잘 살펴보고, 빈칸을 하나하나 채워 보세요. 누구하고 비슷할까요?

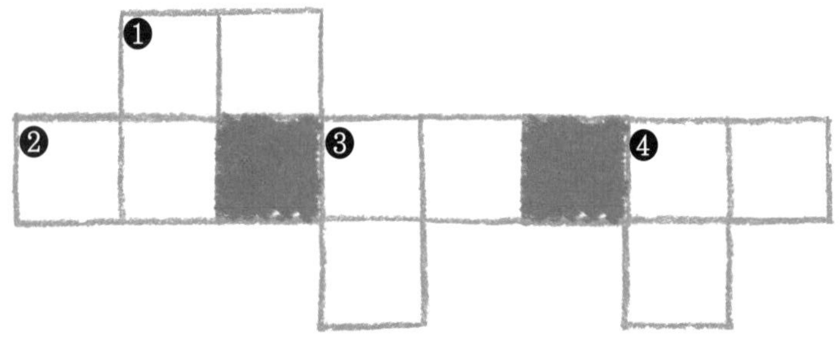

가로 열쇠

1. 친족과 외척을 아울러 이름.
2. 상대편의 바스켓에 공을 던져 넣고 점수를 헤아리는 운동 경기
3. 더러운 것을 쓸고 닦아 깨끗하게 하는 일
4. 왕의 딸

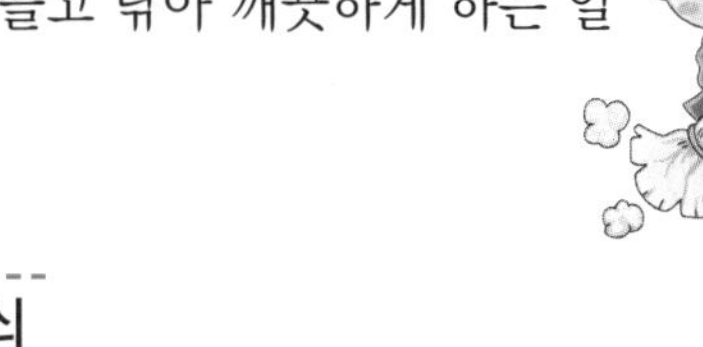

세로 열쇠

1. 함께 어울려 친하게 지내는 사람
   ㊥ 벗, 동무
3. 나이 2,30세 가량의 힘이 넘치는 젊은 사람
4. 비행기가 뜨거나 내리는 곳
   예 김포 국제○○. 인천 국제○○

가로 열쇠와 세로 열쇠를 잘 살펴보고, 빈칸을 하나하나 채워 보세요. 누구를 닮았을까요?

나는 겁이 많아 내가 뀐 방귀에도 놀란답니다.

❶ ❷ ❸ ❹ ❺

가로 열쇠

2. 조심하지 않아서 잘못함.

   예 으악, ○○로 꽃병을 깨뜨렸어.

3. 말의 새끼

세로 열쇠

1. 수수나 옥수수 줄기의 껍질을 벗겨 만든 것. 만들기 재료로 많이 쓴다.

4. 걸을 때 짚는 막대기

   예 꼬부랑 할머니가 ○○○를 짚고 걸어간다.

5. 날마다 그날그날 겪은 일이나 생각, 느낌 등을 적어 놓는 개인의 기록

   예 나는 매일 밤 ○○를 써.

가로 열쇠와 세로 열쇠를 잘 살펴보고, 빈칸을 하나하나 채워 보세요. 누구를 닮았나요?

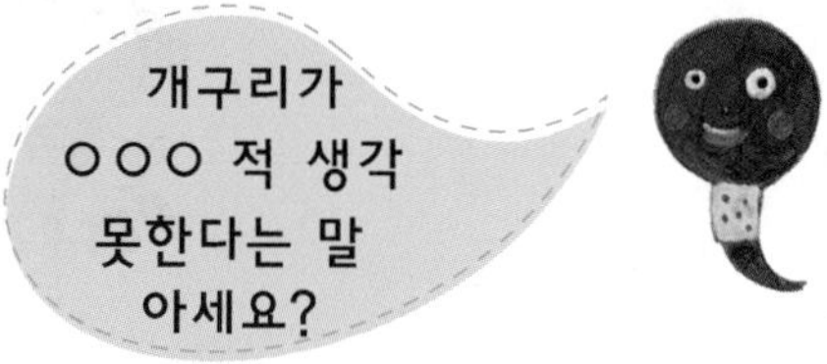

개구리가
○○○ 적 생각
못한다는 말
아세요?

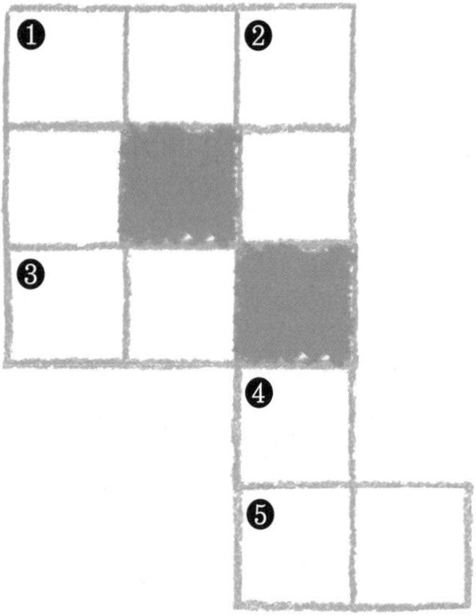

❶		❷
	■	
❸		■
		❹	
		❺	

가로 열쇠

1. 음력 보름날 밤에 뜨는 둥근달
3. 각의 크기
5. 사람의 생각, 감정, 기억 등이 자리 잡는 공간

   ㊋ ○○이 풀어지면 하는 일이 가볍다

세로 열쇠

1. 서울 종로에 있는 종각
2. 닭이 낳은 알. 삶아 먹거나

   프라이를 해 먹는다.
4. 머리를 구불구불하게 하거나 곧게 펴는 일

가로 열쇠와 세로 열쇠를 잘 살펴보고, 빈칸을 하나하나 채워 보세요. 무슨 모양일까요?

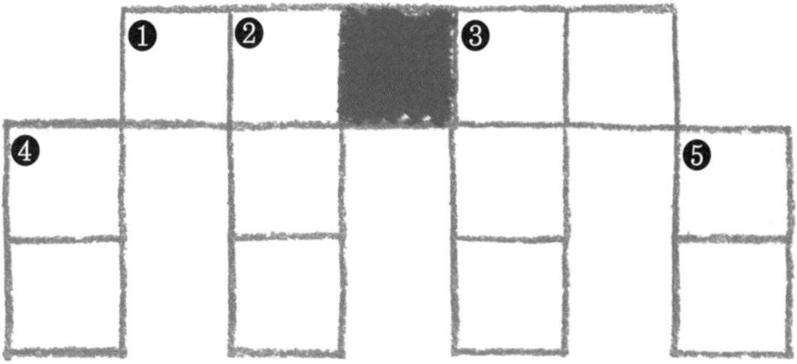

❶ ❷ ❸
❹ ❺

머리카락을
가지런하게
빗어 주지요.

가로 열쇠

1. 절실히 바라는 일을 절대적 존재에게 비는 일
3. 가슴에 큰 잎처럼 생긴 두 쌍의 날개가 있는 곤충

   예 ○○가 나풀나풀 날아서 꽃에 모여든다.

세로 열쇠

2. 온갖 책과 자료를 모아, 사람들이 볼 수 있도록 한 곳
3. 자기 고장을 떠나 다른 곳을 떠도는 사람
4. 거북과 비슷한, 등딱지의 중앙선 부분만 단단하고 다른 부분은 부드러운 피부로 덮여 있는 동물. 주둥이 끝이 뾰족하다.
5. 음악을 연주하는 데 쓰는 기구를 통틀어 이르는 말

가로 열쇠와 세로 열쇠를 잘 살펴보고, 빈칸을 하나하나 채워 보세요. 누구를 닮았나요?

엉금엉금~
내 모습이랑
비교해 보세요!

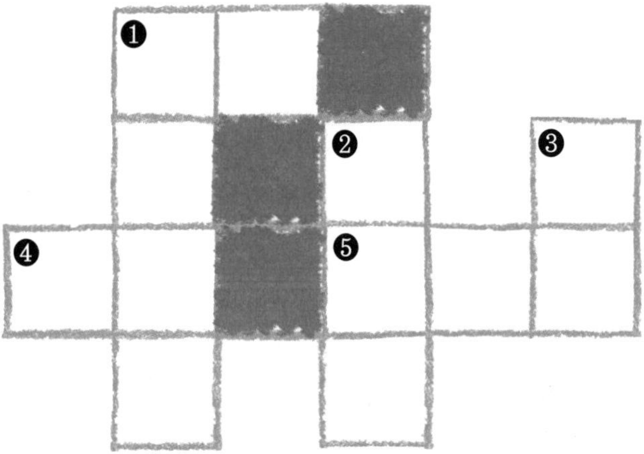

❶		■		
	■	❷		❸
❹		■	❺		

가로 열쇠

1. 총검, 화포 등 전쟁할 때 쓰이는 기구
4. 바닷물이 드나드는 넓고 평평한 땅
5. 주로 성적은 우수하지만 가정 형편이 어려운 학생에게 보조해 주는 돈

세로 열쇠

1. 붉은 바탕에 검은 점무늬가 있는 곤충. 몸은 동그랗게 달걀처럼 생겼다.
2. 대소변을 보기 위해 만들어진 곳
3. 손바닥의 살갗에 줄무늬를 이룬 금. 손을 보고 그 사람의 운수를 판단하는 줄을 이르기도 한다.

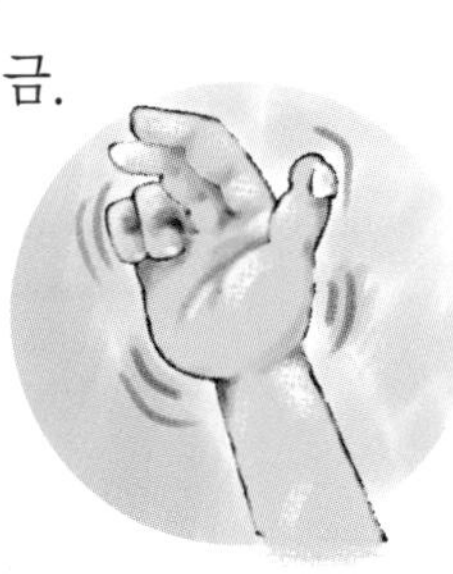

가로 열쇠와 세로 열쇠를 잘 살펴보고, 빈칸을 하나하나 채워 보세요. 누구를 닮았을까요?

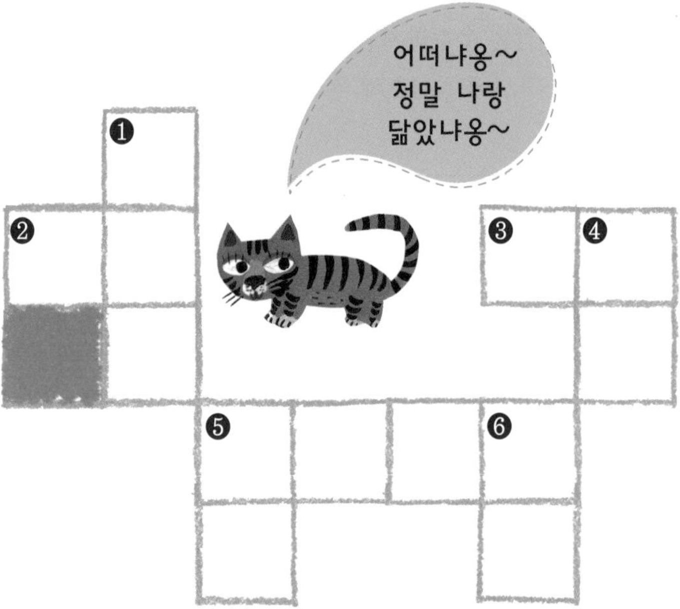

어떠냐옹~
정말 나랑
닮았냐옹~

❶ ❷ ❸ ❹ ❺ ❻

가로 열쇠

2. 언니와 여동생 사이를 이르는 말
3. 경상북도 울릉군에 속하는 화산섬. '○○는 우리 땅' 이라는 노래가 유명하다.
5. 초등학교에 다니는 어린이를 이르는 말

세로 열쇠

1. 해안, 항구에 날아다니며 물고기를 잡아먹는 새
4. 목적지에 다다름.
5. 삼복(三伏) 가운데 첫 번째로 드는 복날
6. '생일' 을 높여 이르는 말

가로 열쇠와 세로 열쇠를 잘 살펴보고, 빈칸을 하나하나 채워 보세요. 무슨 모양인가요?

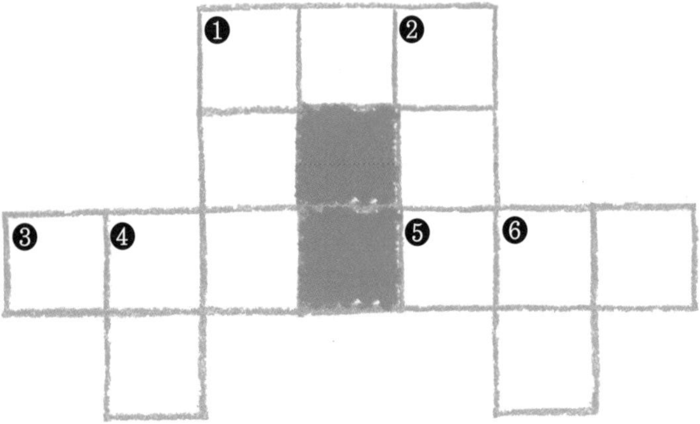

❶ ❷

❸ ❹ ❺ ❻

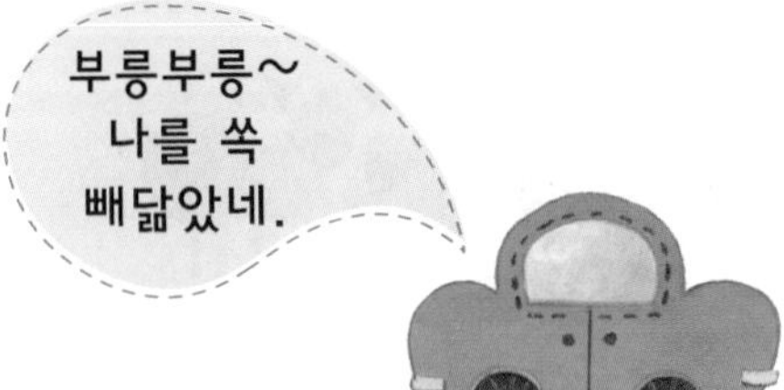

가로 열쇠

1. 문제 해결을 위해 곤란한 사정을 써서 올리는 글.
   주로 관공서나 공공 기관 등에 낸다.
3. 연필로 쓴 글씨나 그림을 쓱쓱 지울 때 쓰는 물건
5. 어린아이에게 업히라고 할 때 내는 소리

세로 열쇠

1. 전남 진도에서 나는 개의 한 품종.
   천연기념물 제53호
2. 주어의 움직임, 상태, 성질 등을 설명하는 말
4. 소의 젖
6. 우리나라 최대의
   해양 물류 도시.
   해운대, 태종대 등의 명소가 있다.

가로 열쇠와 세로 열쇠를 잘 살펴보고, 빈칸을 하나하나 채워 보세요. 누구를 닮았나요?

꼬끼오~
내 날갯짓 어때?
따라해 봐!

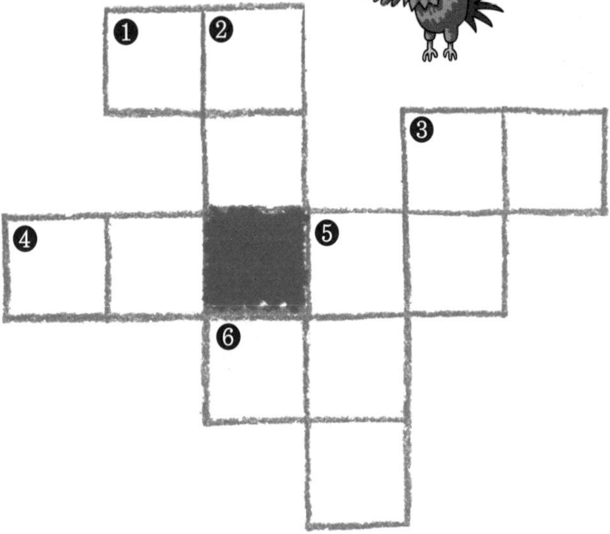

❶ ❷ ❸ ❹ ❺ ❻

가로 열쇠

1. 시각을 나타내는 기계
3. 사람이 살고 있는 땅덩어리

   예 ○○는 태양에서 세 번째로 가까운 행성이다.
4. 노래를 직업으로 하는 사람
5. 어떤 사물을 대했을 때의 모습

   예 그는 조금도 주눅 들지 않고 당당한 ○○를 취했다.
6. 지축의 북쪽 끝. 흰곰이 사는 곳이다.

세로 열쇠

2. 물이 흐르는 골짜기
3. 지구 표면의 상태를 일정한 비율로 줄여 약속된 기호로 평면에 나타낸 그림
5. 우리나라의 국기

가로 열쇠와 세로 열쇠를 잘 살펴보고, 빈칸을 하나하나 채워 보세요. 누구를 닮았나요?

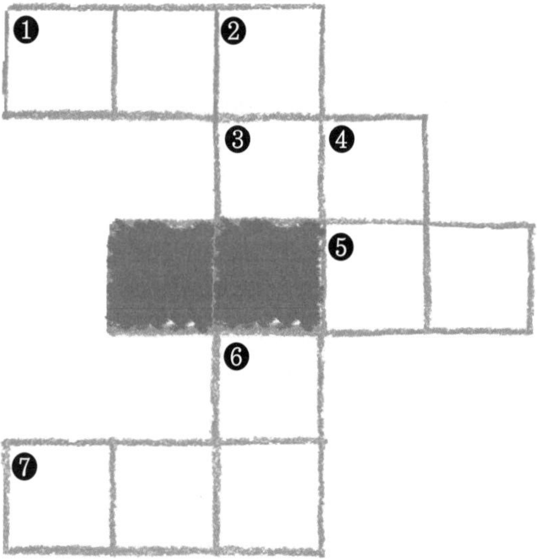

❶		❷	
		❸	❹
	■	■	❺	
		❻	
❼			

가로 열쇠

1. 학교에서 교재로 쓰기 위해 만든 책
3. 성적을 나타내는 숫자
5. 도구를 만들어 쓰고 사회를 이루어 사는, 지구 상에서 가장 발달한 동물. 생각을 하고 언어를 사용한다.
7. 육지에서 가장 몸집이 큰 동물. 긴 코를 이용하여 높은 곳에 있는 열매도 잘 따 먹는다.

세로 열쇠

2. 책을 파는 가게
4. 범인을 발견하고 범죄 사실에 대한 증거를 수집하는 활동
6. 동물의 수를 세는 단위

가로 열쇠와 세로 열쇠를 잘 살펴보고, 빈칸을 하나하나 채워 보세요. 누구를 닮았나요?

멍멍~
나랑 닮았냐멍?

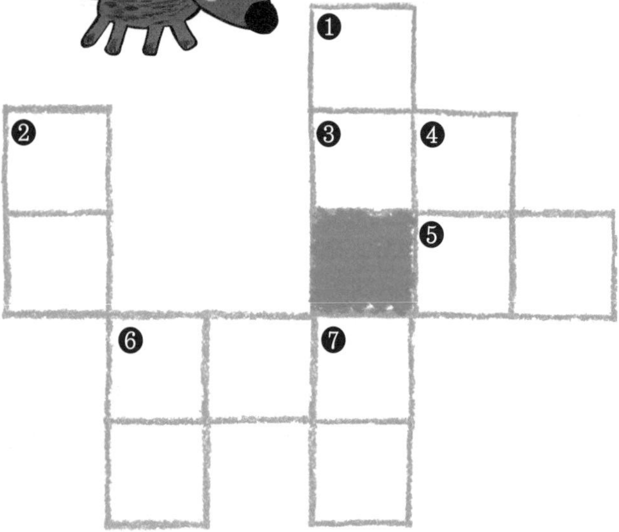

❶ ❷ ❸ ❹ ❺ ❻ ❼

가로 열쇠

3. 일정 기간 동안에 무엇을 먹을지를 적는 계획표
5. 가운데가 잘록하고 양쪽에 가죽을 붙여 만든 타악기

   예 사물놀이는 네 사람이 각기 꽹과리, 징, ○○, 북을 가지고 어우러져 치는 놀이이다.
6. 음식 만드는 일을 직업으로 하는 사람

세로 열쇠

1. 사람의 식량이 되는 쌀, 보리 등을 통틀어 이르는 말
2. 한여름에 나무에 붙어 '맴맴' 소리를 내는 곤충
4. 옷차림 따위를 곱게 꾸미는 일

   예 곱게 ○○한 처녀
6. 일주일의 각 날

   예 월○○, 화○○……일○○.
7. 비스듬하게 비껴 그은 줄

가로 열쇠와 세로 열쇠를 잘 살펴보고, 빈칸을
하나하나 채워 보세요. 무엇을 닮았나요?

슈웅~
화성으로
가 볼까?

❶ ❷ ❸ ❹ ❺ ❻ ❼

가로 열쇠

2. 뾰족뾰족 잎이 바늘처럼 생긴 사계절 푸른 나무
3. 몸이 기름하고 통통한 대표적인 등푸른생선. 소금에 절여 자반을 만들기도 한다.
5. 은행에서 예금한 사람에게 그 내용을 적어 주는 장부
6. 힘에 눌려 적에게 굴복함.

세로 열쇠

1. 원숭이가 좋아하는 노랗고 긴 과일
3. 기구나 기계가 제대로 움직이지 않는 상태
   예 텔레비전이 ○○ 났는지 켜지지 않는다.
4. 물고기를 기르는 항아리
5. 언어가 달라 말이 통하지 않는 사람 사이에서 뜻이 통하도록 말을 옮겨 주는 일
7. 정학이나 휴학을 하고 있던 학생이 다시 학교에 복귀함.

가로 열쇠와 세로 열쇠를 잘 살펴보고, 빈칸을 하나하나 채워 보세요. 누구를 닮았나요?

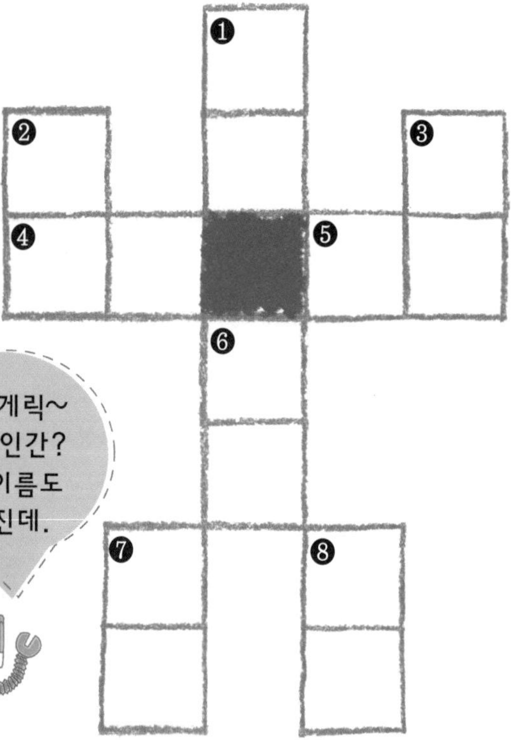

❶ ❷ ❸ ❹ ❺ ❻ ❼ ❽

게릭게릭~
인조인간?
그 이름도
멋진데.

가로 열쇠

4. 강수량이 적고 모래로 뒤덮여 동식물이 살기 힘든 지역
5. 남의 좋은 일을 기뻐하며 건네는 인사

   예 생일 ○○합니다~♬♪

세로 열쇠

1. 비를 피하기 위해 손에 들고 머리 위를 가리는 기구
2. 한 나라의 역사
3. 편지에서 상대방을 높여 이름 다음에 붙여 쓰는 말
6. 하늘에 떠서 흘러가는 것

   예 먹○○, 뭉게○○
7. 바다에 이는 큰 물결

   예 집채만 한 ○○가 밀려온다.
8. 같은 부모에게서 태어난 사람 중 자기보다 나이가 어린 사람

가로 열쇠와 세로 열쇠를 잘 살펴보고, 빈칸을 하나하나 채워 보세요. 무슨 모양일까요?

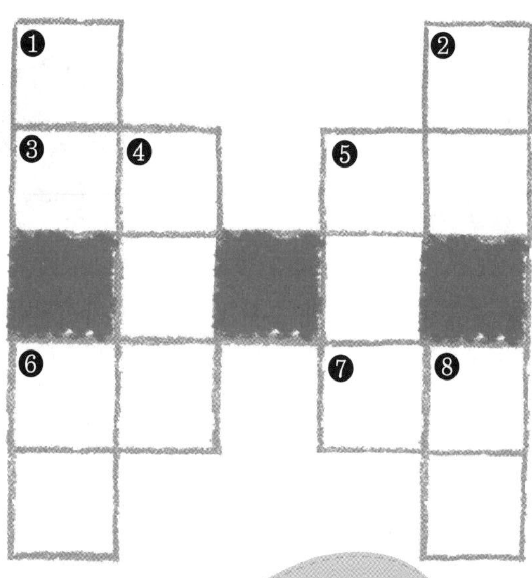

멋 내기에는
내가 최고
이지요.

가로 열쇠

3. 어떠한 결과에 이른 까닭이나 근거
5. 세상에 태어나 죽을 때까지의 동안
6. 질병을 진찰하고 치료하는 곳
7. 마주 대하여 이야기를 주고받음.

세로 열쇠

1. 글을 쓰거나 인쇄를 하는 등 다양한 용도로 쓰이는 물건. 식물성 섬유를 원료로 하여 얇고 평평하게 만든다.
2. 학교에서 공부하는 사람
4. 초등학교에 들어갈 나이가 안 된 어린이를 교육하기 위한 시설
5. 올라서서 회전, 점프 등의 연기를 할 수 있도록 만든 폭이 좁고 기다란 기구
6. 방, 마루 등에 무엇을 가리거나 장식하려고 치는 물건
8. 꽃을 심어 가꾸는 그릇

우리나라에 사는 물고기 가운데는 재미난 이름을 가진 물고기들이 많습니다. 그중에서도 **짱뚱어**는 매우 독특한 이름이지요.

우리나라 서남 해안에 사는 짱뚱어는 망둑엇과의 바닷물고기로 몸길이가 약 18cm입니다. 몸은 가느다란 편으로 몸빛은 푸른빛을 띤 남색이고 흰색의 자잘한 점이 많습니다. 머리의 폭이 넓고, 작은 눈이 머리 위 끝에 툭 비어져 나와 우스꽝스러운 모습인데, 아래 눈시울이 잘 발달되어 눈을 감았다 떴다 할 수 있지요. 호흡은 폐와 아가미로 합니다.

짱뚱어는 10월 초에서 이듬해 4월까지 겨울잠을 잡니다. 1년의 절반을 뻘 속에서 잠을 잔다 하여 '잠퉁이' 라고 부르던 것이 '짱뚱어' 로 변했다고 합니다.

짱뚱어는 겨울잠을 잘 뿐만 아니라, 특이한 점이 매우 많습니다. 물고기이면서 물이 빠진 개펄 위를 기어 다니며

플랑크톤을 집어먹고, 힘센 꼬리를 몸 쪽으로 말았다 펴며 껑충껑충 뛰어다니기도 합니다. 허파와 같은 기능을 하는 아가미 덕분에 물 밖에서도 생활을 할 수 있거든요. 아가미 바로 뒤쪽에 있는 가슴지느러미는 마치 손처럼 사용합니다. 몸에 물기가 마르면 이 지느러미로 아가미에 있는 물을 적셔서 몸에 바르지요. 나뭇가지나 작은 돌 위를 기어오를 때에도 가슴지느러미로 야무지게 쥐고 올라가는 것을 보면 물고기가 아니라 양서류가 아닌가 하는 생각이 들 정도랍니다.

이 별난 물고기는 주로 탕과 전골로 만들어 먹는답니다.

나는야
겨울잠 자는 물고기.
나만큼 신기한 고기
보았어요?

동물 이름으로 퍼즐을 만들었어요. 빈칸에 알맞은 글자를 보기에서 찾아 써 넣으세요.

지	뱀	코	랑
사	고	염	구

		호				
	양	이				
슴						자
도			너		슴	
치						
		끼	리			
	뿔				돼	
	소		두	더		

과일, 채소 이름으로 퍼즐을 만들었어요. 빈칸에 알맞은 글자를 보기에서 찾아 써 넣으세요.

고 구

상 늘

옥 수

박 이

브 렌

로 지

콜

파 프 카 감

두

리 배 마 오 추 자 수 과

나라 이름으로 퍼즐을 만들었어요. 빈칸에 알맞은 글자를 보기에서 찾아 써 넣으세요.

	중		독		
	영			본	
					오
	대				스
					트
	민				레
	국				일
얀					리
마			러	시	

인 미 나
한 국 체
스 아 일

직업 이름으로 퍼즐을 만들었어요. 빈칸에 알맞은 글자를 보기에서 찾아 써 넣으세요.

		디		화		
과	학				수	
		이				운
		너				전
	어			요	리	
농						
				간		
			의	사		

자	변	가
청	부	호
사	세	통

운동 경기 이름으로 퍼즐을 만들었어요. 빈칸에 알맞은 글자를 보기에서 찾아 써 넣으세요.

도 권 마 구 수 스 클 배

태		도		테	니	
	투					키
					축	
	역			야		
유						
				드	민	턴
승			구			
	라	톤				

악기 이름으로 퍼즐을 만들었어요. 빈칸에 알맞은 글자를 보기에서 찾아 써 넣으세요.

바
트 라 이 글 색
올 소
탬 버 실 로
클 라 넷
코 플 루
더 럼
펫

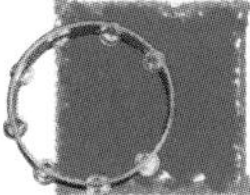

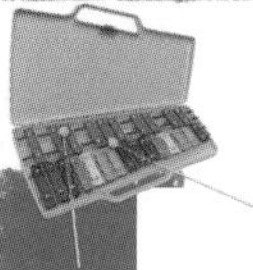

단 앵 린 노 폰 트 심 리

꽃 이름으로 퍼즐을 만들었어요. 빈칸에 알맞은 글자를 보기에서 찾아 써 넣으세요.

달 개 미 해 백 팔 화

	합			안		꽃
일			무		나	
홍			궁		리	
	채	송				맨
						드
진						라
	맞	이	꽃		장	
래						

곤충 이름으로 퍼즐을 만들었어요. 빈칸에 알맞은 글자를 보기에서 찾아 써 넣으세요.

			■	사		귀
			잠			뚜
			자			라
	■	파			개	
	비				■	
방					반	
					딧	
					불	
			베	짱		

벌 나 당
모 마 이
리 거 미

새 이름으로 퍼즐을 만들었어요. 빈칸에 알맞은 글자를 보기에서 찾아 써 넣으세요.

	마	귀				칠
치			카			면
			나		타	
	독		리			
			아		갈	
	딱				매	
	따		비	둘		
	구					
오						

리 참 제 기
조 까 수 러

음식 이름으로 퍼즐을 만들었어요. 빈칸에 알맞은 글자를 보기에서 찾아 써 넣으세요.

김 즈 장 음
이 테 림 스

					치	
	■	볶		밥		
	떡					아
	볶					이
케		크	■	돈	가	스
■						크
주						
	파	게	티			

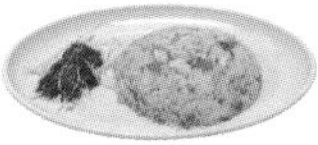

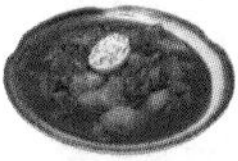

다음의 글자를 조합하여 **가족**과 관계있는 낱말 5개를 만들어 보세요.

촌	할	머	모
이	카	아	
지	니	버	삼

★한 글자를 여러 번 사용해도 됩니다.

다음의 글자를 조합하여 **몸**과 관계있는 낱말 5개를 만들어 보세요.

꼽 명 가 엉 락

얼 머 어 장 슴 다

깨 이 리 덩 틀

★한 글자를 여러 번 사용해도 됩니다.

다음의 글자를 조합하여 **집**과 관계있는 낱말 3개를 만들어 보세요.

마 장 돗 부 실 엌
거 텔 령 붕 화

★한 글자를 여러 번 사용해도 됩니다.

다음의 글자를 조합하여 **놀이터**와 관계있는 낱말 4개를 만들어 보세요.

미		소		래		틀	
	정		네		짐		끄
그		럼		시		글	

★한 글자를 여러 번 사용해도 됩니다.

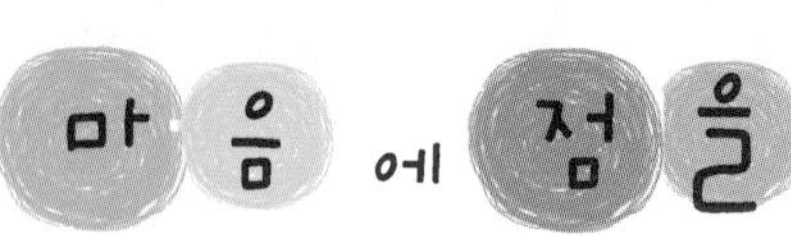

마음에 점을

낮에 먹는 끼니를 **점심**(點心)이라고 합니다.
이 말은 본래 불교에서 쓰이는 말이라고 해요. 선종(禪宗)에서, 배고플 때 조금 먹는 음식를 가리키는 말로, 마음(心)에 점(點)을 찍듯이 가볍게 먹는다는 뜻이랍니다.
마음에 점을 찍다니, 간에 기별도 안 가는 것 아닐까요?

늦깎이

늦깎이는 본래 나이가 들어서 뒤늦게 머리를 깎고 중이 된 사람을 일컫는 말입니다.
요즘은 본래의 뜻 외에, 나이가 많이 들어서 어떤 일을 시작한 사람, 남보다 늦게 사리를 깨친 사람을 가리키는 말로도 많이 쓰입니다.
늦게 익은 과일이나 채소도 '늦깎이'라고 한대요.

셋째 마당

어휘력이 쑥쑥 자라는 단계별 낱말 퍼즐

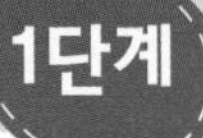

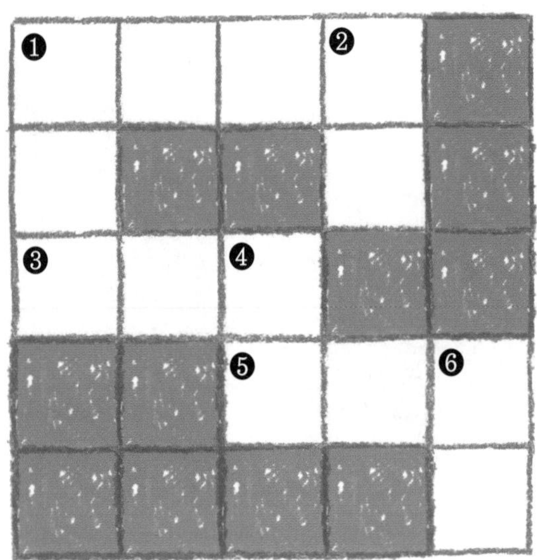

가로 열쇠

1. 등 전체에 바늘 같은 가시가 돋쳐 있는 동물

   ㊕ ○○○○도 제 새끼는 함함하다고 한다

3. 전동기의 회전축에 붙은 날개를 돌려 바람을 일으키는 기계

예 ○○○, 에어컨 없는 여름은 상상도 할 수 없어.

5. 철도역에서 안내, 매표 등의 일을 맡아보는 사람

세로 열쇠

1. 기원전 2333년 무렵에 단군 왕검이 세운 우리나라 최초의 국가
2. 병을 잘 다스려서 낫게 함.

   예 그는 끓는 물에 손을 데어 병원에서 ○○를 받았다.

4. 'ㄱ'의 이름

   속 낫 놓고 ○○ 자도 모른다

6. 원한이 맺힐 정도로 자기에게 해를 입힌 사람이나 집단

   속 ○○는 외나무다리에서 만난다

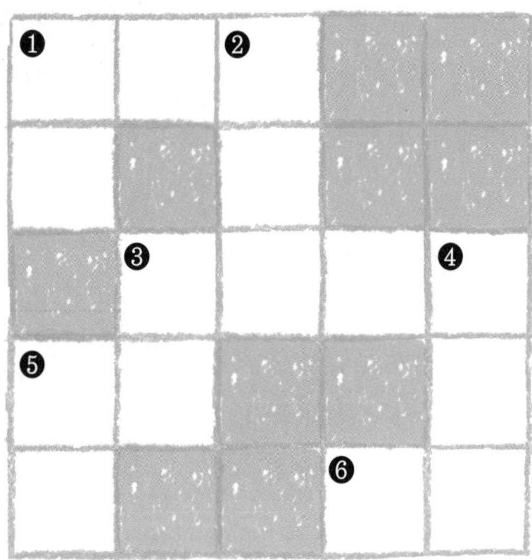

가로 열쇠

1. 말의 새끼
3. 신이 나서 팔다리를 자꾸 크고 부드럽게 놀리며 춤을 추는 모양

   예 도깨비가 노랫가락에 맞춰 ○○○○ 춤을 춘다.

5. 땅속에 묻혀 있는 것을 찾아서 파냄.

유적 ○○. 지하자원 ○○. 화석 ○○

6. 가을을 대표하는 꽃.

매화, 난초, 대나무와 함께

'사군자' 라 불린다.

세로 열쇠

1. 상투 틀 때 머리에 두르는 그물 모양의 물건

㉠ ○○ 쓰고 세수한다

2. 건물 아래에 땅을 파서 만든 방

3. 다른 물건에 감기거나 땅바닥에 퍼지며,

뻗어 나가는 식물의 줄기

㉥ 넝쿨

4. 집이나 방 안에서만 신는 신발

5. 다리와 발이 이어지는 관절 부분

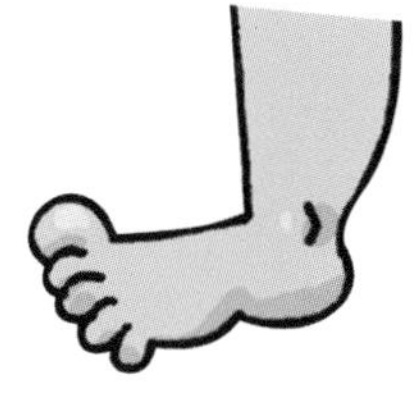

예 계단을 내려오다가 발을 헛디뎌

○○을 삐었다.

❶		❷		
		❸		❹
❺	❻			
❼				

가로 열쇠

1. 녹말이 많아 단맛이 나는 뿌리 채소. 껍질은 대개 붉은빛을 띤다.

   예 겨울철 간식으로는 뭐니 뭐니 해도 군○○○가 최고야!

3. 말과 비슷하지만 조금 작고 귀가 매우 큰 동물. 무거운 짐을 나르는 데 쓰인다.

예 그는 대나무 숲에 들어가 "임금님 귀는 ○○○ 귀!"라고 외쳤다.

5. 갑자기 세차게 부는 바람

7. 다양한 상품을 판매하는 현대식 종합 소매점

예 ○○○ 행사 매장은 발 디딜 곳이 없을 정도로 매우 붐볐다.

세로 열쇠

1. 선사 시대의 무덤. 큰 돌을 몇 개 세우고, 그 위에 넓적한 돌을 덮었다.

2. 집 둘레에 고르게 닦아 놓은 땅

예 이 집은 ○○이 넓어서 좋아.

4. 진한 갈색에 얼룩점이 있는 곤충. 8~10월에 나타나 귀뚤귀뚤 운다.

6. 자연의 경치를 그린 그림

1단계

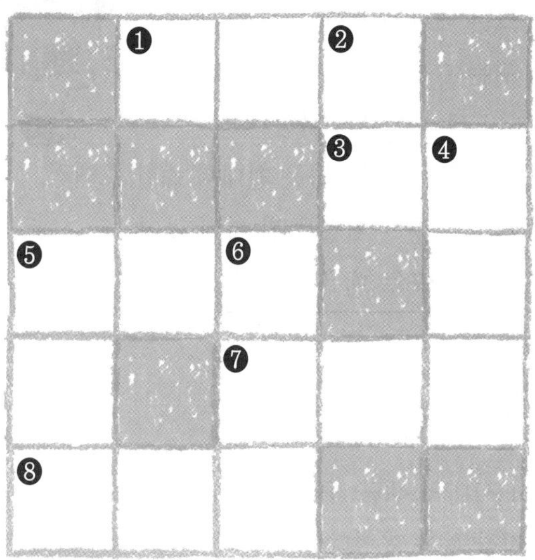

가로 열쇠

1. 도로에 설치하여 적색, 녹색, 황색 등의 색으로 차량이나 사람에게 교통 신호를 보내는 등

   예 ○○○에 녹색등이 켜지면 횡단보도를 건너세요.

3. 학교에서 학생들이 입도록 정한 옷

5. 냉방이 원인이 되어 발생하는 병. 두통, 코막힘 등 감기와 비슷한 증상을 보인다.

예 에어컨 바람을 많이 쐬어서 그런지 ○○○에 걸린 것 같아.

7. 유라시아의 중부와 북부를 차지하는 세계 최대의 대륙. 우리나라, 일본, 중국 등의 나라가 속해 있다.

8. 꼭대기가 꼬불꼬불하게 말리는 식물. 말려서 나물로 먹는다.

예 어린 아들이 ○○○ 같은 손으로 아버지를 도왔다.

세로 열쇠

2. 학생이 학교에 감.

4. 복사나무의 열매. 시고 단 맛이 있으며, 껍질에 솜털이 많다.

5. 식품을 차게 보관하는 상자 모양의 장치

예 남은 음식은 상하지 않게 ○○○에 넣어 둬.

6. 닭의 새끼. 삐악삐악 운다.

1단계

❶		❷		
	❸			
❹				❺
	❻			

가로 열쇠

1. 자동차나 기차 등이 사람이나 다른 교통 기관과 충돌하여 일어나는 사고
   예 사거리에서 승용차와 화물차가 부딪치는 ○○○○가 났다.

3. 의술과 약으로 병을 치료하는 사람

예 몸이 아파 ○○의 진찰을 받았다.

4. 얼린 명태

㉠ ○○나 북어나

6. 5월 5일. 어린이를 위한 날이다.

예 ○○○○은 방정환 선생님이 어린이를 사랑하는 마음으로 만드신 날이야.

세로 열쇠

1. 지식, 기술 등을 가르침.

예 부모는 자녀를 올바르게 ○○해야 한다.

2. 사진 찍는 일을 직업으로 하는 사람

3. 나풀나풀, 엉금엉금 등 모양이나 움직임을 흉내 낸 말

5. 헤아리기 힘들 정도로 지난 지 아주 오래된 날

예 ○○ 옛적에 흥부와 놀부가 살았습니다.

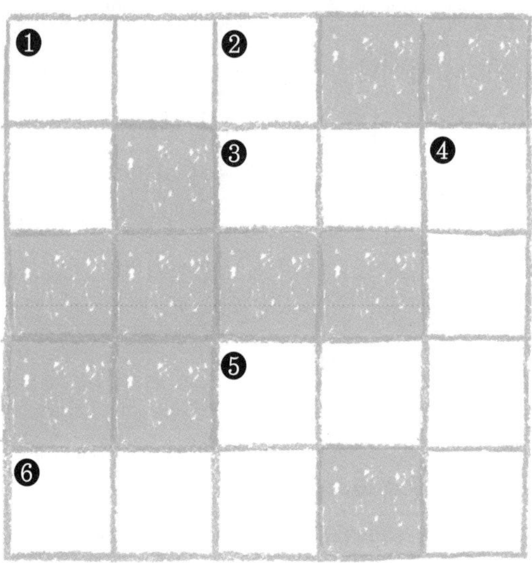

가로 열쇠

1. 긴 널빤지의 중간을 괴어 놓고 양쪽 끝에 한 사람씩 올라가서 번갈아 뛰어오르는 놀이
3. 자동차, 자전거 등의 바퀴에 끼는 테. 주로 고무로 만든다.

5. 땅속에 굴을 파고 사는 동물. 발바닥은 넓고 커서 삽 모양이며, 눈은 퇴화하여 매우 작다.

㊋ ○○○ 혼인 같다

6. 어제의 전날

세로 열쇠

1. 혀, 손 등을 크고 빠르게 내밀었다 들이는 모양

예 뱀이 혀를 ○○ 내밀었다.

2. 앞뒤가 편평한 표주박 모양의 통에 자루를 달고 여섯 개의 줄을 매어 손가락으로 튕겨 연주하는 악기

예 그의 ○○ 연주 실력은 수준급이다.

4. 둘이 다투는 사이에 엉뚱한 제3자가 이익을 얻는다는 말

5. 두꺼운 정도

예 이 책의 ○○는 매우 두껍다.

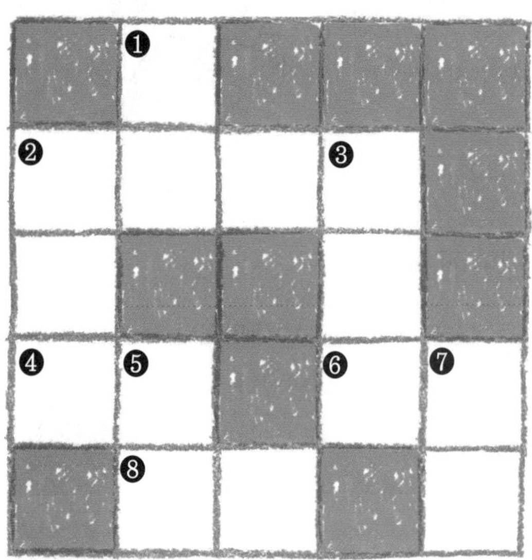

2. 밤에 무덤이나 오래된 집에서 저절로 번쩍이는 푸른빛의 불꽃

예 ○○○○이 무덤 위를 이리저리 날아다닌다.

4. 정해진 시각보다 늦는 일

예 오늘은 늦잠을 자는 바람에 ○○을 하고 말았다.

6. 실내의 온도를 높여 따뜻하게 하는 일

예 이 방은 ○○이 되지 않아 몹시 춥다.

8. 나오는 대로 함부로 말함.

예 화가 나도 ○○을 해서는 안 된다.

세로 열쇠

1. 사람의 몸에서, 목의 아래 끝에서 팔의 위 끝에 이르는 부분

2. 그림을 그리는 데 쓰는 종이
3. 불을 가지고 노는 장난
5. 눈알의 겉을 싼 투명한 막
7. 많은 사람이 볼 수 있도록 텔레비전, 라디오를 통하여 영상이나 음성을 전파로 내보내는 일

예 그 퀴즈 프로그램은 일요일 오전에 ○○된다.

1단계

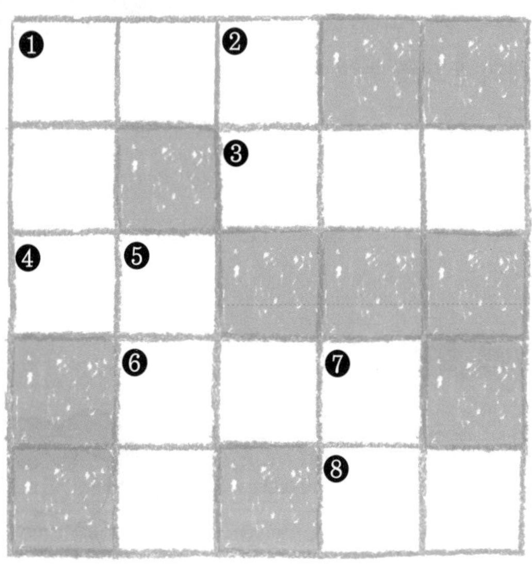

가로 열쇠

1. 몸에 지니고 다니며 쓰는 작은 수건

   예 아버지는 바지 주머니에 항상 ○○○을 넣고 다니신다.

3. 물속에서 눈을 뜨고 수영할 수 있도록 만든 안경

4. 지구의 표면을 둘러싸고 있는, 빛깔도 냄새도 없는 기체

예 ○○가 없으면 숨을 쉴 수 없다.

6. 지금의 도지사에 해당하는 조선 시대 벼슬

8. 지나간 때

예 ○○는 현재에 아무런 해답을 주지 않는다. 다만 우리에게 교훈을 줄 뿐이다. -고르바초프

세로 열쇠

1. 중국 명나라 때의 장편 소설 〈서유기〉의 주인공인 원숭이. 만화 주인공으로 등장하기도 한다.

2. 사람이 살거나 물건을 넣어 두기 위하여 지은 집

예 저 빌딩은 이번 여름에 새로 지은 ○○이야.

5. 열차, 선박, 항공기 등의 기관을 다루거나 조종하는 사람

7. 잘못에 대한 용서를 비는 일

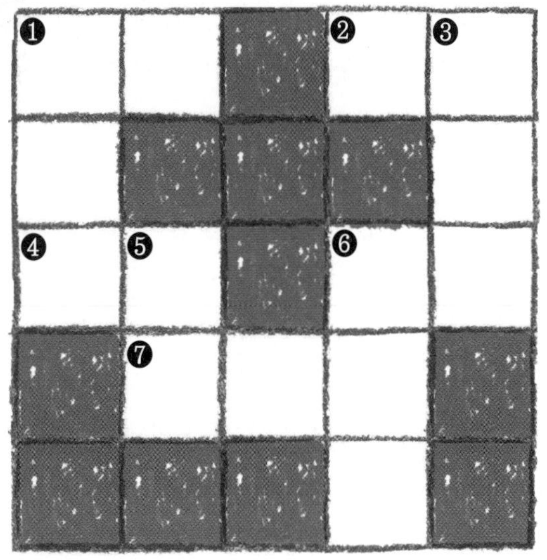

1. 비가 많이 와서 강이나 개천에 갑자기 많이 불은 물

예 이번 ○○로 인하여 수백 명의 수재민이 발생했다.

2. 남에게 구걸하여 거저 얻어먹고 사는 사람

㊋ ○○ 옷 해 입힌 셈 친다

4. 재산을 모두 잃고 망함. ㊐ 도산

예 다니던 회사가 ○○하여 실업자가 되고 말았다.

6. 눈이 가는 곳. ㊐ 시선

예 아름다운 사람에게 자꾸만 ○○이 간다.

7. 친하게 지내는 세 사람을 비유적으로 이르는 말

예 소희, 예선, 민정이는 다른 아이들에게 ○○○라고 불릴 정도로 잘 어울려 다닌다.

세로 열쇠

1. 〈봉선화〉 〈봄처녀〉 〈낮에 나온 반달〉 등을 작곡한 우리나라의 작곡가 겸 바이올리니스트이자 지휘자

3. 가깝게 통하는 길

예 이 골목이 학교에서 집으로 가는 ○○○이야.

5. 깊은 산이나 들에서 저절로 자라는 삼

6. 눈을 뭉쳐 사람의 모양으로 만든 것

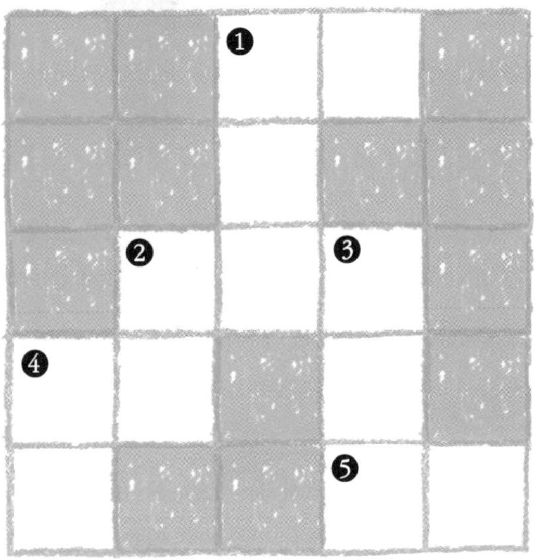

가로 열쇠

1. 두 개의 날을 교차시켜 종이, 옷감 등을 자르는 기구

   예 곰돌이가 ○○로 색종이를 오리고 있다.

2. 배, 사과 등 과일을 재배하는 밭

예 동구 밖 ○○○ 길

아카시아꽃이 활짝 폈네~♩♪

4. 일하지 않고 쉬는 날

5. 그날의 마지막으로 떠나거나 들어오는 차

예 성민이는 ○○를 놓치는 바람에 친구의 집에서 하룻밤 신세를 졌다.

세로 열쇠

1. 수학에서, 분자가 분모와 같거나 분모보다 큰 분수. 5/4, 9/7 등을 이른다.

2. 사과, 포도, 바나나, 귤, 배 등 사람이 먹을 수 있는 열매

㊍ ○○ 망신은 모과가 시킨다

3. 참외, 수박 등을 심은 밭을 지키기 위해 밭머리에 지어 놓은 막

예 영희네 가족은 ○○○에 둘러앉아 수박을 먹었다.

4. 못 쓰게 된 종이

예 ○○는 쓰레기통에 버려 주세요!

❶		❷	■	■
■	■		■	■
❸	❹		❺	■
❻		■		■
■		■	❼	

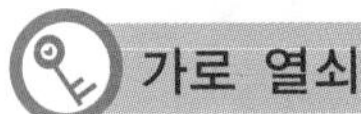

1. 조선 시대에, 백성이 억울한 일을 하소연할 때 치게 하던 북
3. 세상에 비길 데 없이 힘이 대단히 센 사람

6. 국민의 대표로 구성한 입법 기관. 법률을 제정하고, 예산을 심의하며 중요한 정책을 결정한다.

7. 짐승 등을 잡기 위해 파 놓은 구덩이
   ㉠속 ○○에 든 범

세로 열쇠

2. 된장, 간장과 함께 담가 온 우리나라의 기호 식품. 붉은 빛깔로 매운맛이 난다.

3. 신, 천사 등이 있는 하늘 위의 나라
   ㉥비 하늘나라, 천당

4. 경상북도 안동시 하회마을에 전해 내려오는, 나무로 만든 탈. 병산탈과 함께 국보 제121호이다.

5. 학교 등에서 개인의 물건을 넣을 수 있게 만든 곳

❶		❷		❸
❹	❺			
	❻	❼		
		❽		

가로 열쇠

2. 풀이나 나뭇잎 등에서 진을 빨아 먹는 곤충
4. 음식을 먹은 후에 그릇 등을 씻어 치우는 일
6. 말버릇

   예 그의 ○○는 지나치게 퉁명스럽고 거칠다.

8. 흐트러져 있는 것을 한데 모으거나 치워서 가지런하게 함.

예 네 책상은 네가 ○○하렴.

세로 열쇠

1. 오래전부터 전해 내려오는 이야기

예 이 마을에는 예로부터 구미호에 관한 ○○이 전해 내려오고 있습니다.

2. '밥' 의 높임말

예 아버지, ○○는 드셨어요?

3. 물이 떨어지는 힘을 이용해 바퀴를 돌려 곡식을 찧는 기구

5. 사실과 다르게 꾸미는 말

7. 무엇이 못마땅해 떼를 쓰며 조르는 일

예 민수는 반찬 ○○이 아주 심하다.

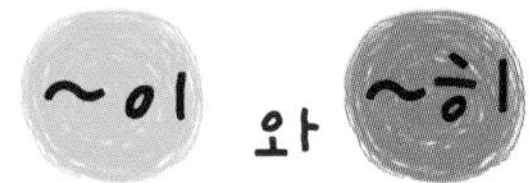

●다음의 경우에는 '~이'로 적습니다.

① '하다'가 붙는 어근의 끝소리가 'ㅅ'인 경우

가붓이, 기웃이, 깨끗이, 느긋이, 따뜻이, 반듯이, 버젓이, 빠듯이, 산뜻이, 지긋이 등

② '하다'가 붙는 어근의 끝소리가 'ㄱ'인 경우

깊숙이, 고즈넉이, 끔찍이, 길쭉이, 멀찍이, 느직이, 두둑이 등

③ㅂ 불규칙 용언의 어간 뒤

가까이, 가벼이, 고이, 기꺼이, 너그러이, 대수로이, 새로이, 쉬이, 외로이, 즐거이 등

④ '하다'가 붙지 않는 용언의 어간 뒤

같이, 굳이, 길이, 깊이, 높이, 많이, 실없이, 적이, 헛되이 등

⑤첩어 또는 준첩어인 명사 뒤

간간이, 겹겹이, 곳곳이, 나날이, 다달이, 번번이, 샅샅이, 알알이, 앞앞이, 일일이, 줄줄이, 집집이, 짬짬이, 틈틈이 등

⑥부사 뒤

곰곰이, 더욱이, 생긋이, 오뚝이, 일찍이, 히죽이 등

●다음의 경우에는 '~히'로 적습니다.

① '하다'가 붙는 어근 뒤

급히, 딱히, 속히, 엄격히, 정확히, 간편히, 고요히, 공평히, 과감히, 급급히, 꼼꼼히, 나른히, 능히, 답답히 등

② '하다'가 붙는 어근에 '~히'가 결합하여 된 부사가 줄어든 형태

익숙히→익히 특별히→특히

*위의 경우가 꼭 적용되는 것은 아닙니다.

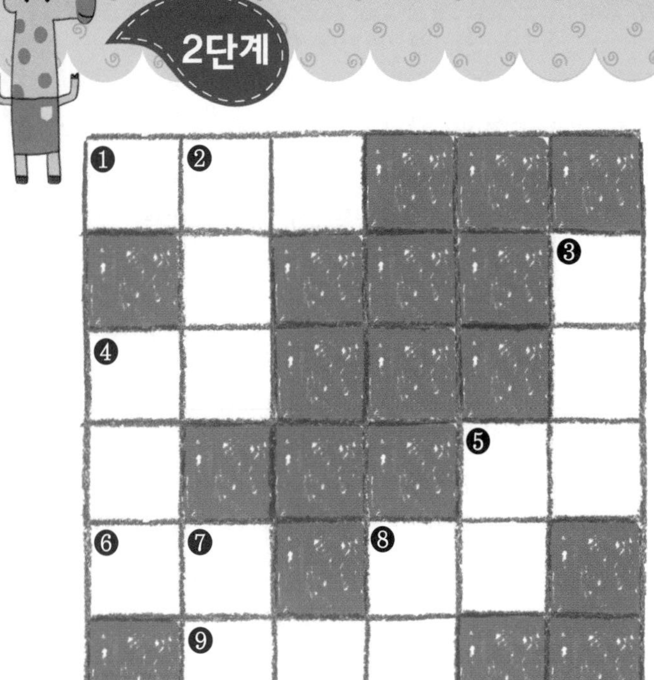

가로 열쇠

1. 배에 달린 주머니에 새끼를 넣어 기르는 동물. 오스트레일리아(호주)에 산다.
4. 낮이 길고 더운 계절. 6~8월 무렵을 이른다.

5. 중국에서 만들어 오늘날까지 쓰이는 글자. 水, 日 등

예 '학생'은 ○○로 '學生'이라고 쓴다.

6. 때를 씻어 낼 때 쓰는 물건. 물에 녹으면 거품이 인다.

8. 꼭 필요한 데에만 써서 아낌.

9. 방향을 잡는 데 쓰는 기구.
특히, 배나 항공기의 진로를
측정하는 데 쓰인다.

세로 열쇠

2. 거만한 태도

예 그는 요즘 부쩍 ○○○을 피운다.

3. 직업을 잃은 사람

4. 볕이 쬐는 날 잠깐
오다가 그치는 비

5. 한방에서 쓰는 약.
풀뿌리, 열매 등이 주요 약재이다.

7. 나이가 적은 남자가 손위 여자를
정답게 부르는 말

8. 하나를 둘로 똑같이 나눔. 또는, 그 나눈 것의 하나

❶		❷			
		❸	❹		
			❺	❻	
				❼	❽
	❾		❿		
			⓫		

가로 열쇠

1. 한 지방에서만 쓰는, 표준어가 아닌 말

예 "혼저 옵서예"는 "어서 오세요" 라는 뜻의 제주도 ○○○이다.

3. 문서에서 중심이 되는 글

예 이 글은 머리말, ○○, 맺음말로 나누어져 있다.

5. 노래 등의 빠르기나 가락을 주도하는 박자

예 할아버지는 ○○에 맞추어 덩실덩실 춤을 추었다.

7. 크고 무거운 물건이 깊은 물에 떨어질 때 무겁게 한 번 나는 소리

9. 어린아이를 태워서 밀고 다니는 수레

11. 참나무 종류의 열매. 묵을 쑤어 먹기도 한다.

세로 열쇠

2. 머리, 모자, 선물 등의 장식으로 쓰는, 폭이 좁고 긴 끈이나 띠 모양의 물건

4. 생각이나 감정을 말이나 글로 표현할 때 완결된 내용을 나타내는 최소의 단위

예 ○○ 끝에는 '.', '!', '?' 등의 마침표를 찍는다.

6. 식물의 잎이 붉거나 누렇게 변하는 현상. 또는, 그 잎

8. 크게 뭉쳐진 덩이

10. 차만 다니게 한 길. ㊥ 찻길, 차로

			❶		❷
❸	❹			❺	
	❻	❼			
		❽			

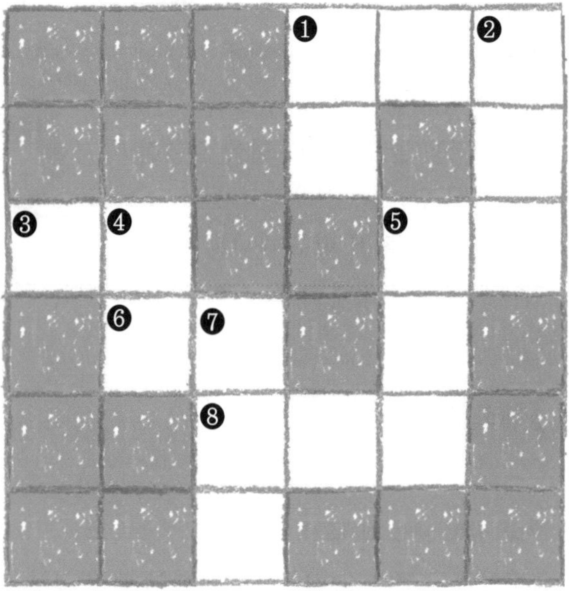

가로 열쇠

1. 우렁이와 비슷한, 등에 껍데기를 짊어진 연체동물. 논밭의 돌 밑, 풀숲에 산다.

3. 습기나 물기가 없어짐.

   예 방 안이 ○○하여 가습기를 켰다.

5. 사실과 다르게 해석하거나 이해함.

   예 다른 뜻은 없으니 ○○하지 마세요.

6. 남에게 선사하는 물건

   예 민수는 미혜에게 생일 ○○을 주었다.

8. 여러 갈래로 갈린 길

세로 열쇠

1. 1년 동안의 월, 일, 요일, 절기, 행사일 등의 사항을 날짜에 따라 적어 놓은 것
2. 바로 다음의 해
4. 이성계가 고려를 무너뜨리고 세운 나라. 도읍은 한양
5. 산이나 숲 등에 난 폭이 좁은 호젓한 길

   예 숲이 우거진 ○○○을 걸으니 마음이 차분해진다.

7. 오리, 개구리 등의 발가락 사이에 있는 얇은 막

   예 오리는 ○○○가 있어 헤엄을 잘 친다.

2단계

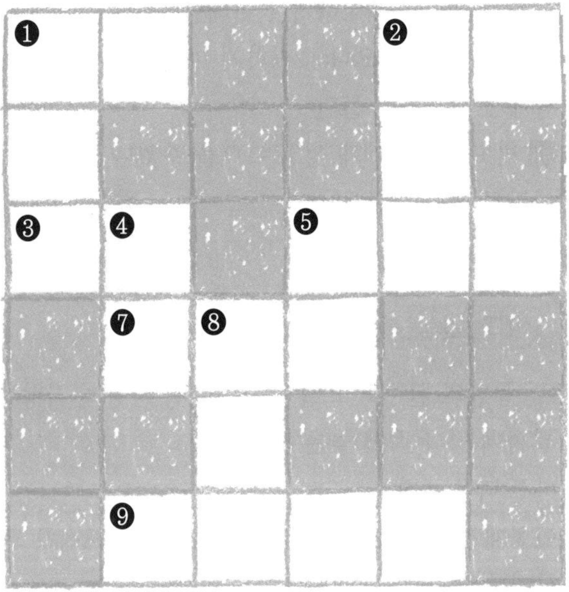

❶				❷	
❸	❹		❺		
	❼	❽			
	❾				

가로 열쇠

1. 노래, 연극 등을 하기 위해 만들어 놓은 공간

2. 겉으로 드러나 보이는 모양

   예 ○○가 단정하다.

3. 지구 위의 위치를 나타내는 좌표축 중에 가로로 된 것

예 ○○는 경도와 함께 지구 상에 있는 지점의 위치를 나타내기 위해 만든 좌표이다.

5. 미꾸라지를 넣고 얼근하게 끓인 국

7. 서울 중구 정동에 자리한 조선 시대의 궁궐. 사적 제124호

예 ○○○ 돌담길은 사람들이 산책하기에 좋은 길이다.

9. 옛날에 있었던 일에서 생겨난 말. 주로 한자어임.

예 ○○○○에는 옛사람들의 지혜가 담겨 있다.

세로 열쇠

1. 찌는 듯한 더위

2. 다른 나라의 말

4. 사회의 구성원들이 마땅히 지켜야 할 행동 규범

예 학교에서는 사람으로서 지켜야 할 ○○과 윤리를 가르친다.

5. 잘못을 따지어 밝힘. 죄를 ○○하다.

8. 동물의 병을 고치는 의사

2단계

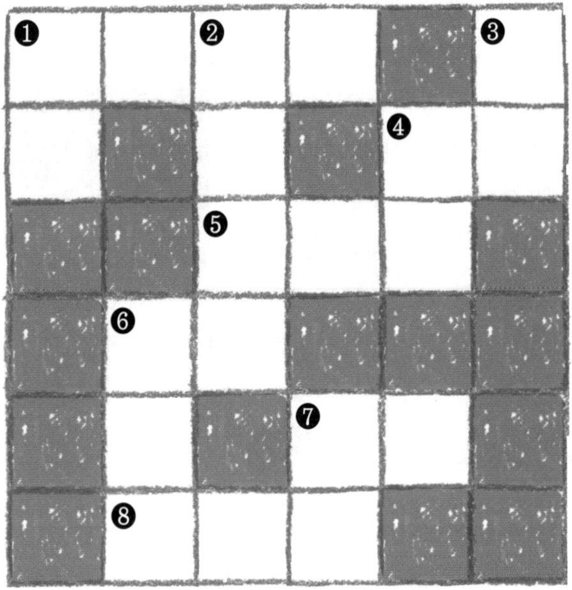

❶		❷			❸
				❹	
		❺			
	❻				
			❼		
	❽				

가로 열쇠

1. 줄기 끝의 꽃이 강아지 꼬리처럼 생긴 풀
4. 소리 없이 곱게 웃는 웃음

   예 할머니께서 흐뭇한 ○○를 지으셨다.

5. 유럽 대륙의 동부에서 시베리아에 걸쳐 있는 나라. 수도는 모스크바

예 ○○○ 사람들은 추위를 잊기 위해 독한 술을 마신다.

6. '꽃의 여왕' 이라 불리는, 가시가 있는 꽃
7. 절반만 둥근 달
8. 정치적 · 경제적으로 다른 나라의 지배를 받는 나라

세로 열쇠

1. 학교 등에서 강의하거나 강연회에서 강연하는 사람
2. 물고기가 헤엄치는 데 쓰는 기관. 가슴○○○○
3. 긴 널빤지의 중심을 괴어, 두 끝을 타고 오르락내리락 하는 놀이 기구

   예 철수와 영희는 놀이터에서 신 나게 ○○를 탔다.

4. 길을 잃고 헤매는 아이
6. 장사를 지내는 의식
7. 장식으로 손가락에 끼는 고리

2단계

1		2			3
		4		5	
6					
			7		8
	9				

가로 열쇠

1. 갑자기 퍼붓다 그치는 비
4. 헤아릴 수 없이 많은 돈을 가진 사람
6. 여자가 입는 아랫도리 겉옷

7. 아기를 재울 때 부르는 노래

예 아기는 매일 밤 어머니의 ○○○를 들으며 스르르 잠이 들었다.

9. 소식이 없음.

속 ○○○이 희소식

세로 열쇠

1. 남의 몸이나 가방을 슬쩍 뒤져 소지품을 훔치는 짓

예 그는 지하철에서 지갑을 ○○○○당하였다.

2. 이전의 경험을 잊지 않고 생각해 냄.
3. 추위, 더위 등을 막기 위해 머리에 쓰는 물건
5. 프랑스 작가 위고의 소설 〈레 미제라블〉의 주인공. 빵 한 조각을 훔친 죄로 19년 동안 옥살이를 한다.
7. 아들과 딸을 통틀어 일컬음.

속 ○○ 둔 골은 호랑이도 돌아본다

8. 몸이 매우 납작하고, 두 눈이 오른쪽에 몰려 붙어 있는 물고기. 넙치보다 몸이 작다.
9. 넓적다리와 정강이 사이에 둥글게 튀어나온 부분

2단계

	❶			❷	❸
❹				❺	
			❻		
❼	❽				
	❾				

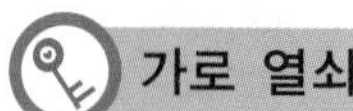

가로 열쇠

2. 개와 비슷한 동물. 주둥이가 뾰족하며 꼬리는 굵고 길다.

예 ○○는 꾀가 많은 동물로 알려져 있다.

4. 물건을 파는 곳. 과일 ○○. 생선 ○○
5. 머리가 아픈 증세
6. 남의 구속을 받지 않고 마음대로 할 수 있는 상태
   예 뉴욕에는 ○○의 여신상이 있다.
7. 매우 위급할 때 지르는 외마디 소리
9. 심부름을 가서 오지 않거나 늦게 온 사람을 이르는 말
   예 '○○○○'란 조선 초기 함흥으로 간 태조가 태종이 보낸 차사를 죽이거나 가두고 돌려보내지 않았던 데서 유래한다.

세로 열쇠

1. 몸의 무거운 정도
3. 편지나 엽서 등을 모아 전하기 위해 설치한 통
4. 가늘고 얇게 내리는 비
   ㊂ ○○○에 옷 젖는 줄 모른다.
5. 콩을 갈아 만든 우유 같은 액체
6. 동력으로 바퀴를 굴려 땅 위를 움직이도록 만든 차. 사람이나 화물을 운반한다.
8. 이름, 신분, 주소 등을 적은 네모난 종이쪽

❶					❷
				❸	
❹	❺				
			❻		
❼					
			❽		

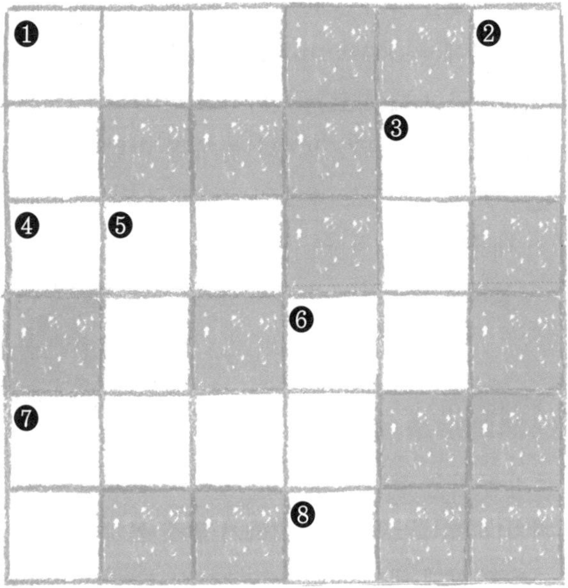

가로 열쇠

1. 줄의 양 끝을 잡고 머리 위로 돌리면서 그 줄을 뛰어넘는 운동

   예 너구리는 매일 아침 ○○○를 한다.

3. 애처롭게 사정하여 간절히 바람.
4. 전 국민이 공통적으로 쓰도록 정해 놓는 말
   예 우리나라에서는 교양 있는 사람들이 두루 쓰는
   현대 서울말을 '○○○'로 정하고 있다.
6. 대사 없이 춤으로 진행되는 서양의 무용극
7. 저승에서 염라대왕의 명을 받고 죽은 사람의 혼을
   데리러 온다는 심부름꾼

세로 열쇠

1. 문장 부호 '……'의 이름
2. 운동 경기 등에서 선수들이 힘을 내도록 도와주는 일
   예 학생들은 자기 학교의 팀이 이기도록
   목이 터져라 ○○했다.
3. 알에서 나와 아직 다 자라지 않은 곤충 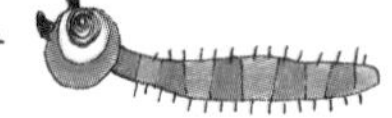
5. 운동 경기에서 우승 다음가는 성적
6. 발로 밟은 곳에 남은 흔적
7. 해 질 무렵부터 밤이 되기까지의 사이

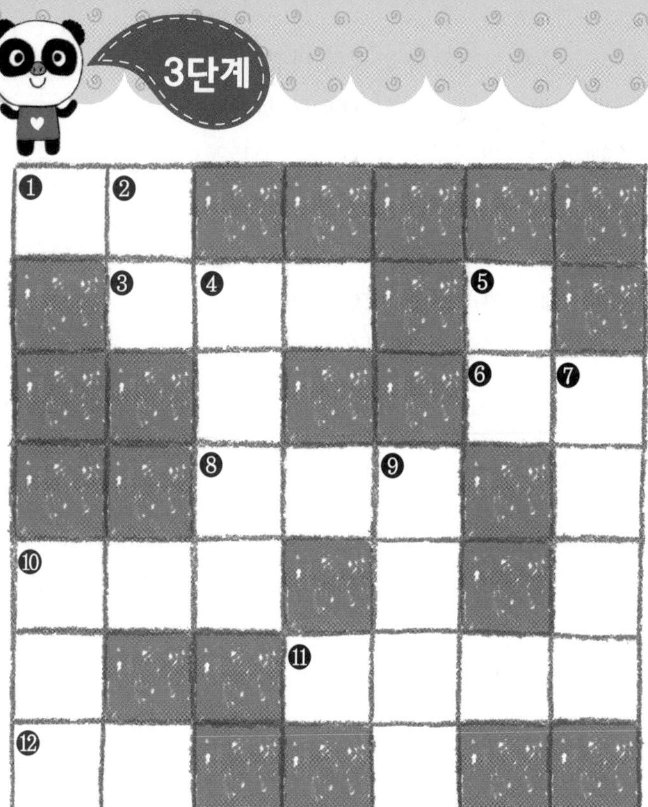

가로 열쇠

1. 학생들에게 집에서 하도록 내 주는 과제

   예 ○○를 하지 않아 선생님께 혼이 났다.

3. 목구멍에서 나는 소리

6. 열렬한 애정을 가지고 열중하는 마음

예 그는 로봇 개발에 모든 ○○을 쏟았다.

8. 서울 도성의 동쪽 정문. ⓑ 흥인지문

10. 사철 푸른 나무. 곧게 자라는 특성을 지녀 지조와 절개의 상징으로 여겨진다.

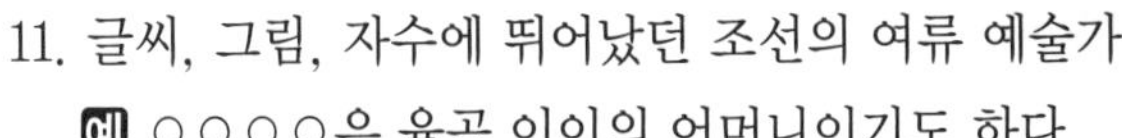

11. 글씨, 그림, 자수에 뛰어났던 조선의 여류 예술가

예 ○○○○은 율곡 이이의 어머니이기도 하다.

12. 고을의 원(員)을 높여 이르던 말

㊍ ○○ 덕에 나팔 분다

세로 열쇠

2. 책, 강연 등에서 그 내용을 보이거나 대표하기 위해 붙이는 이름

4. 어릴 때 소꿉놀이를 하며 같이 놀던 친구

5. 물질에 열을 가함.

예 물을 ○○하면 수증기가 발생한다.

7. 정당하고 떳떳함.

예 얕은수 쓰지 말고 ○○○○하게 싸우자.

9. 종이, 붓, 먹, 벼루의 네 가지 문방구

10. 우리나라의 최고 법원

❶		❷				
					❸	❹
	❺					
			❻		❼	
	❽	❾				
❿					⓫	

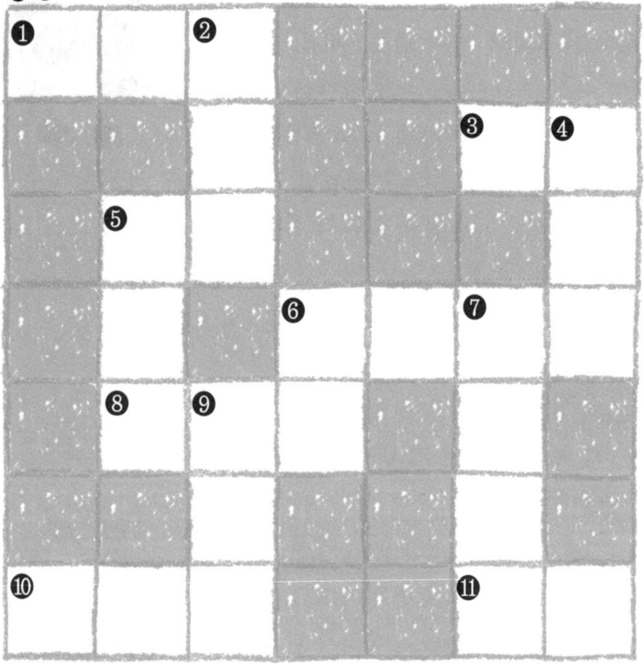

가로 열쇠

1. 동물을 모아 놓고 관람시키는 곳
3. 정신, 육체가 튼튼한 상태

5. 긴 원통 모양의 자줏빛 채소. 익혀서 반찬으로 쓴다.

㊫ ○○ 나무에 목을 맨다

6. 맺은 사람이 풀어야 한다는 뜻으로, 자기가 저지른 일은 자기가 해결해야 한다는 말

8. 계핏가루를 넣어 달인 물에 곶감을 넣어 먹는 전통 음료

10. 코 위에 커다란 뿔이 솟아 있는 동물

11. 여름철에 일정 기간 지속적으로 비가 내리는 현상

세로 열쇠

2. 물건의 생산지

예 이 고춧가루는 '국산'이라고 ○○○ 표시가 되어 있다.

4. 개의 새끼

5. 길가에 줄지어 심어 놓은 나무

예 ○○○는 사람들에게 신선한 공기와 시원한 그늘, 아름다운 조경을 제공한다.

6. 어떤 원인으로 생긴 결말의 상태

7. 헤엄을 치며 놀 수 있는 환경과 시설이 갖추어진 바닷가

9. 기계나 설비가 제대로 작동하도록 손질하는 곳

예 고장난 차를 고치기 위해 자동차 ○○○에 갔다.

3단계

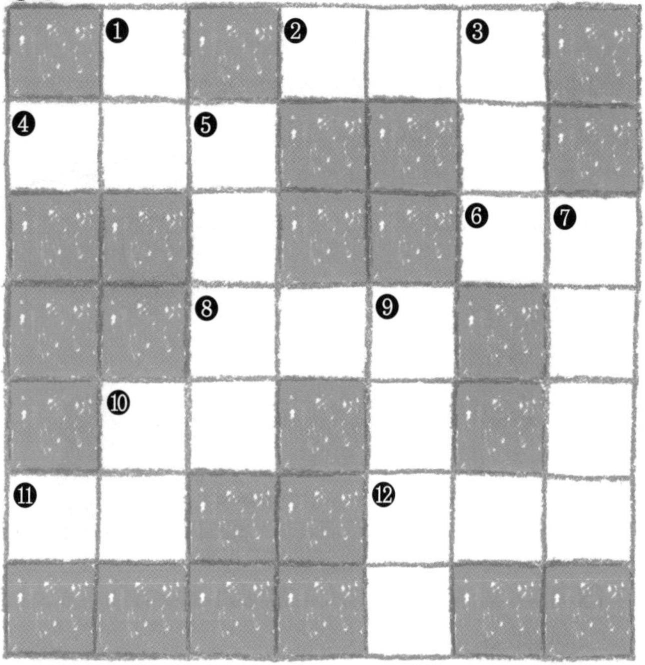

	❶		❷		❸	
❹		❺				
					❻	❼
		❽		❾		
	⑩					
⑪				⑫		

가로 열쇠

2. 하루에 천 리를 달릴 수 있을 만큼 좋은 말
   ㊍ ○○○ 꼬리에 쉬파리 따라가듯

4. 상한 음식을 먹었을 때 생기는 병. 설사, 복통, 구토 등의 증상이 나타난다.
6. 창과 방패라는 뜻으로, 어떤 사실의 앞뒤가 맞지 않음을 이르는 말
8. 새로 계획하여 만드는 도시
10. 사람의 입에서 입으로 널리 떠도는 말
11. 학교의 여러 조건을 갖추지 않은 사설 교육 기관
   예 은유는 집에 돌아오자마자 피아노 ○○으로 향했다.
12. 책머리에 내용이나 목적에 대해 간단히 적은 글

세로 열쇠

1. 아랫사람의 잘못을 꾸짖는 말. ㊥ 꾸지람
3. 네 변의 길이가 같고, 두 대각선이 중점에서 서로 수직으로 만나는 사각형
5. 1896년에 독립 협회의 서재필, 윤치호가 창간한 우리나라 최초의 민간 신문
7. 우리말 가운데 고유어만을 이르는 말
9. 남편의 어머니
10. 바라고 원하는 일
   예 우리의 ○○은 통일~♩♪

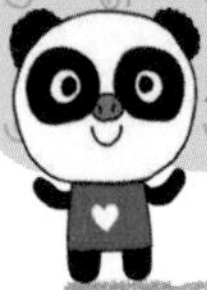

1					2	
				3		
4		5				
		6			7	
	8				9	
				10		
11						

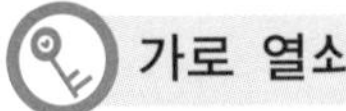

가로 열쇠

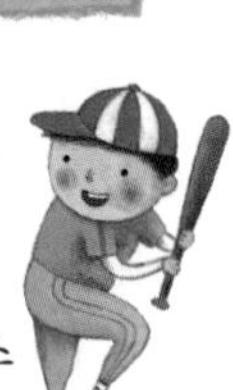

1. 딸의 남편
3. 야구에서, 배트를 가지고 타석에서 공을 치는 선수

4. 추진 장치를 갖추고 공중을 나는 탈것

예 떴다 떴다 ○○○, 날아라 날아라~♬♪

6. 서로서로 도움.

예 우리 조상들은 예부터 이웃끼리 서로 도우며 ○○○○해 왔다.

8. 청하여 부름.

9. 아랫도리에 입는 옷. 두 다리에 꿰는 가랑이가 있다.

10. 남의 딱한 처지를 알고 도와주려는 마음

예 옆집 아주머니는 ○○이 후하다.

11. 움직이는 대상을 촬영하여 영사기로 영사막에 재현하는 예술

세로 열쇠

1. 비슷한 것 같지만 속은 다름.

예 ○○○ 종교에 빠져들면 쉽게 헤어 나오지 못한다.

2. 중국 춘추 시대의 사상가. 유교의 시조

3. 무엇에 맞거나 부딪쳐서 생긴 상처

5. 기상을 관측하여 알려 주는 우리나라의 중앙 행정 기관

7. 조마조마하여 마음을 졸임.

8. 어떤 사람의 얼굴이나 모습을 그린 그림

3단계

1	■	■	■	■	■	■
2		3	■	■	4	■
	■		■	■	5	6
■	■	7	8		■	
■	■	■		■	9	
■	10			■		■
11		■	12			■

가로 열쇠

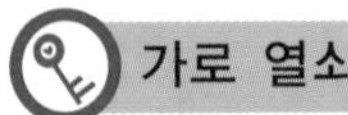

2. 잘 들리지 않는 귀의 청력을 보강하는 기구
5. 좋은 운수

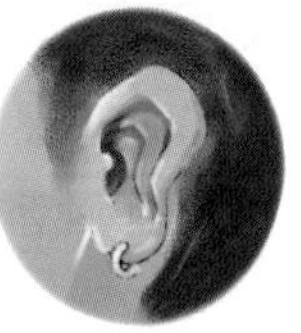

7. 우리나라 건국 기념일. 10월 3일
9. 직무를 띠고 어느 곳으로 나감.
10. 푸른빛의 질긴 천으로 만든 바지
11. 얼마의 시간이 지난 뒤
   ㊕ ○○ 난 뿔이 우뚝하다
12. 법률적인 자격을 가지고 피고나 원고를 변론하는 사람

세로 열쇠

1. 작은 것을 크게 보이도록 알의 배를 볼록하게 만든 렌즈
3. 피곤을 덜기 위해 몸을 쭉 펴고 팔다리를 뻗는 짓
4. 다른 지방이나 나라에 가서 풍경, 풍습 등을 구경함.
6. 운동 경기, 놀이 등을 할 수 있도록 여러 가지 기구나 설비를 갖춘 넓은 마당
   예 학교 ○○○에는 철봉, 시소, 정글짐 등의 놀이 기구가 있다.
8. 지진, 홍수 등 자연 현상으로 인한 재앙
   예 ○○○○은 인간의 힘으로 막을 수 없다.
9. 책, 잡지 등을 펴내는 일을 전문으로 하는 회사
10. 강연, 설교 등을 듣기 위하여 모인 사람들
   예 그의 강연은 ○○의 눈과 귀를 사로잡았다.

❶			❷		❸	
					❹	❺
	❻	❼				
❽				❾		
❿						
		⓫	⓬			

가로 열쇠

1. 엉덩이로 털썩 바닥을 찧는 짓

예 유리는 빙판에 미끄러져 ○○○○를 찧었다.

4. 몸의 건강을 돕는 약

예 어머니는 몸이 약한 할머니를 위해 ○○을 한 첩 지어 오셨다.

6. 윷으로 승부를 겨루는 우리나라의 대표적인 민속놀이

9. 전자 회로를 이용하여 자동적으로 숫자 계산, 데이터 처리 등을 실행하는 기계

10. 소설, 영화 등에서 중심이 되는 인물

11. 주로 여성이 입는, 윗옷과 아래옷이 붙어 한 벌로 된 옷

세로 열쇠

2. 방, 솥 등에 불을 때려고 만든 구멍

3. 걸핏하면 우는 아이

5. 약효가 있는 샘물이 나오는 터

7. 회전목마, 대관람차 등 다양한 놀이 시설을 갖춘 공원

8. 우리나라의 가장 남쪽에 있는, 섬으로 이루어진 도. 2006년에 제주특별자치도로 승격하였다.

9. 원이나 호를 그리는 데 쓰는, 폈다 구부렸다 할 수 있는 두 개의 다리를 가진 제도용 기구

12. 관에 구멍을 뚫고 불어 소리를 내는 것

1			2		3	
			4			
						5
6	7		8	9		
				10	11	
				12		

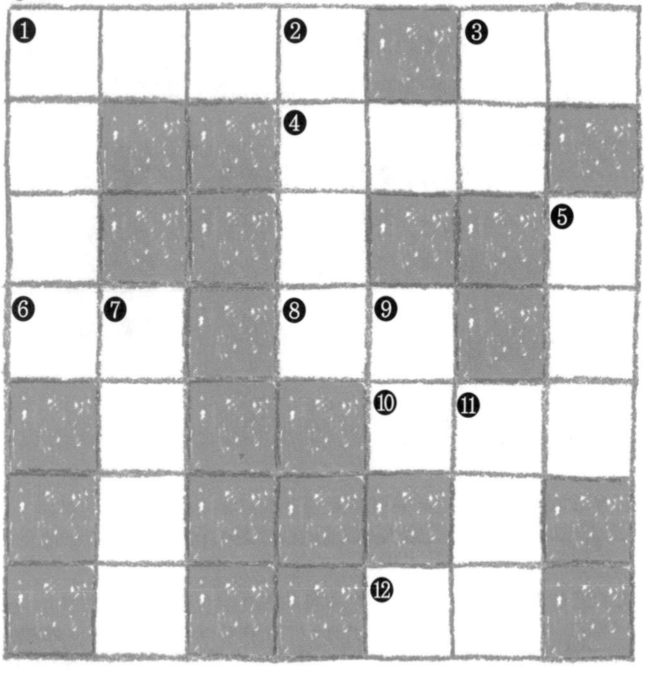

가로 열쇠

1. 원이나 공처럼 생긴 모양
3. 물체의 모양을 비추어 볼 수 있게 만든 물건

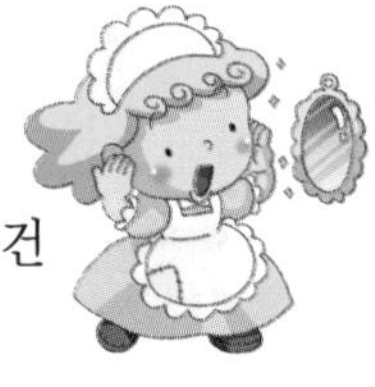

4. 꾸리어 싼 물건

6. 돈, 물자, 시간 등을 써서 없앰.

예 경기가 나빠지자 많은 이들이 ○○를 줄였다.

8. 지반이 흔들리어 움직이는 자연 현상

예 2011년 3월, 일본에서 진도 9.0의 ○○이 일어나 많은 사람이 목숨을 잃었다.

10. 남의 부탁을 받고 그 일을 대신함.

12. 잠잘 때 머리를 괴는 물건

세로 열쇠

1. 행정 구역의 하나인 동(洞)의 사무를 맡아보는 곳

2. 몸이 가늘고 길며 미끄럽고 수염이 긴 민물고기

㊋ ○○○○ 한 마리가 온 웅덩이를 흐려 놓는다

3. 끈끈한 실로 줄을 쳐서 먹이를 잡는 절지동물

㊋ ○○도 줄을 쳐야 벌레를 잡는다

5. 주로 사춘기에, 얼굴에 나는 작은 종기

7. 계속 이리저리 쓰러질 듯이 걷는 모양

예 그는 술에 취했는지 ○○○○ 길을 걷고 있었다.

9. 거짓 없이 참된 마음

11. 빈대떡, 누름적 같은 기름에 부쳐서 만드는 음식

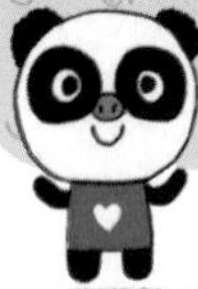

1						2
3	4				5	
				6		
7		8				
		9	10		11	
12						

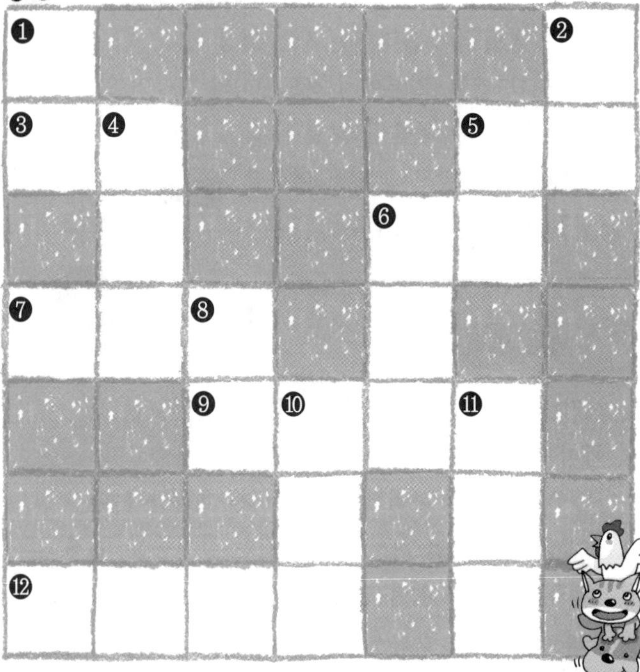

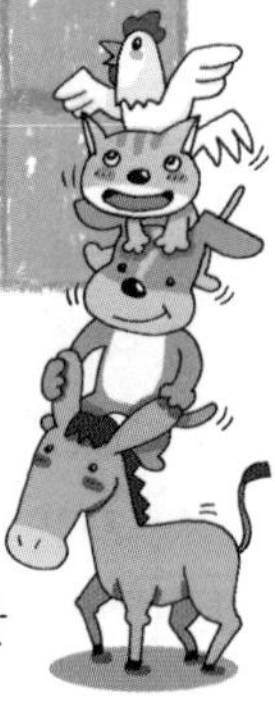

가로 열쇠

3. 오늘의 바로 다음 날
5. 남의 어깨 위에 두 다리를 벌리고 올라타는 장난

6. 불이 일어나며 갑자기 터짐.

7. 음식을 만드는 데 사용하는 기름

   예 그녀는 햄을 굽기 위해 프라이팬에 ○○○를 둘렀다.

9. 산에서 뾰족하게 솟은 부분

12. 가지고 다니면서 통화할 수 있는 소형 무선 전화기

   예 영화관에서는 ○○ ○○를 진동으로 하거나 끄는 것이 예의이다. 비 핸드폰

세로 열쇠

1. 형제자매 중 맨 마지막에 난 사람

2. 맨발에 신도록 실이나 섬유로 짠 것

4. 한 번만 쓰고 버리는 것

   예 환경을 오염시키는 ○○○ 제품들은 되도록 사용하지 말아야 한다.

5. 다리가 불편한 사람이 겨드랑이에 끼고 걷는 지팡이

6. 거센 바람이 불면서 세차게 쏟아지는 비

8. 죽은 사람이 남겨 놓은 재산

10. 손톱을 붉게 물들이는 데 쓰는 꽃. 비 봉숭아

11. 사람이 끌거나 자전거 뒤에 다는, 바퀴가 둘 달린 작은 수레

빈 대 떡

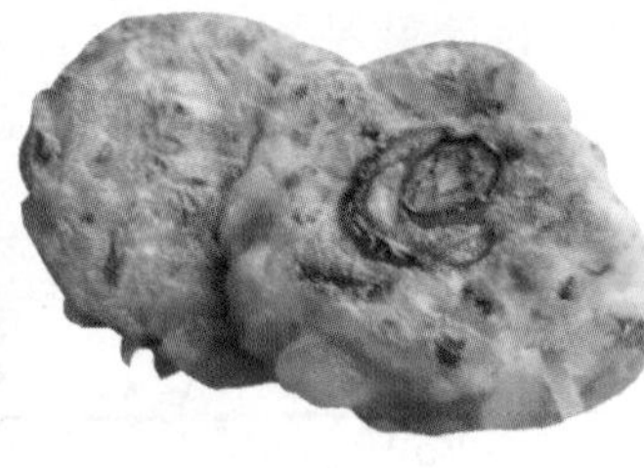

빈대떡 하면 얼핏 해로운 곤충인 빈대와 관계있는 음식이 아닌가 하고 생각하기 쉽습니다. 하지만 빈대떡과 빈대는 아무 관계도 없습니다.

빈대떡은 녹두를 물에 불려 껍질을 벗긴 다음 맷돌에 갈아 고사리, 쇠고기 따위를 넣고 기름 두른 프라이팬에 부쳐 만드는 전, 즉 부침개의 한 가지입니다. 녹두부침개, 녹두전, 녹두전병, 녹두지짐이라고도 불리지요.

빈대떡이란 이름이 생겨난 데 대해서는 여러 가지 의견이 있습니다. 1690년에 펴낸 중국어 단어집 〈역어유해〉에 실린 중국 떡 '빈자떡'에서 유래했다는 이야기가 있는가 하면, 〈명물기략〉에는 중국의 콩가루 떡인 '알병'의 '알'자가, 빈대를 뜻하는 '갈(蝎)'로 잘못 전해져 빈대떡이 되었다고 기록되어 있습니다.

또한 예전에 서울 덕수궁 뒤쪽, 지금의 중구 정동 지역에 빈대가 들끓어 이 지역을 '빈대골'이라 불렀는데, 빈대골 주민 가운데 부침개 장사가 많아 '빈대떡'이란 이름으로 불리게 되었다는 이야기도 있지요.

어떤 학자는 빈대떡을 '빈자(貧者) 떡', 즉 '가난한 사람들이 먹는 떡'이라는 뜻으로 해석합니다. 실제로 일부 부자들이 가난에 허덕이는 사람들에게 빈대떡을 부쳐 나누어 주곤 했답니다.

1778년에 홍명복 등이 지은 외국어 학습서 〈방언집석(方言集釋)〉에는 녹두를 이용한 '빙저'라는 지짐이가 우리나라로 흘러 들어와 '빙쟈'라는 이름으로 불리다가 시간이 흐르면서 빙자떡 → 빈자떡 → 빈대떡으로 바뀌었다는 기록도 있습니다.

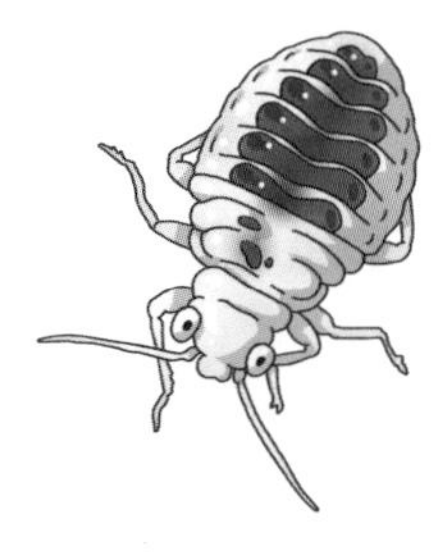

	❶			❷			
❸				❹	❺		
	❻	❼					
		❽	❾				
						❿	
⓫	⓬					⓭	
	⓮			⓯			
				⓰			

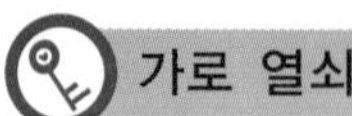

3. 마음을 다하여 부모를 섬기는 마음
   ㊗ ○○이 지극하면 돌 위에 풀이 난다

4. 손을 보호하거나 추위를 막으려고 손에 끼는 물건
6. 사람이 오르내리기 위해 여러 턱으로 만든 설비
8. 잠이 많은 사람을 놀리듯이 하는 말
11. 지금 지나고 있는 이 해
13. 지구 위에서 육지를 제외한 부분

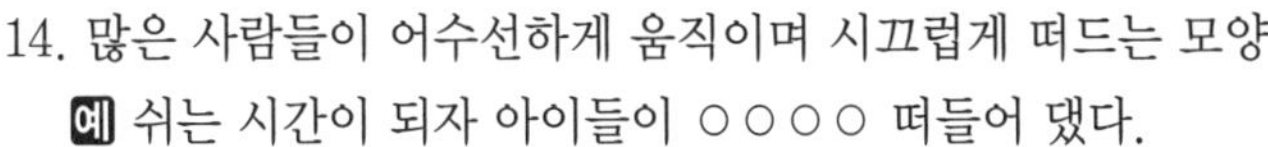

14. 많은 사람들이 어수선하게 움직이며 시끄럽게 떠드는 모양
   예 쉬는 시간이 되자 아이들이 ○○○○ 떠들어 댔다.
16. 끼니 외에 과일, 과자 등의 군음식을 먹는 일

세로 열쇠

1. 조선을 세운 태조의 본명
2. 혈액을 순환시키는 펌프 역할을 하는 기관
   예 그는 분노로 ○○이 터질 것 같았다.

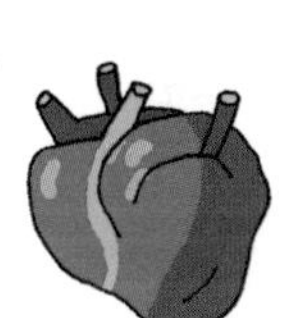

5. 생각할 겨를도 없이 빨리
   예 ○○○ 소나기가 쏟아지기 시작했다.
7. 달게 곤히 자는 잠
9. 머리나 몸을 자꾸 많이 숙였다가 드는 모양
   예 철수는 수업 시간 내내 ○○○○ 졸았다.
10. 술래 한 명이 숨은 사람 몇 명을 찾아내는 아이들의 놀이
   비 술래잡기
12. 햇빛에 비친 물체의 그림자로 시간을 알 수 있게 만든 장치
15. 싸워서 물리쳐야 할 적의 군대나 군사. 반 아군

1							
2		3		4		5	
						6	7
		8	9		10		
	11				12		
			13				

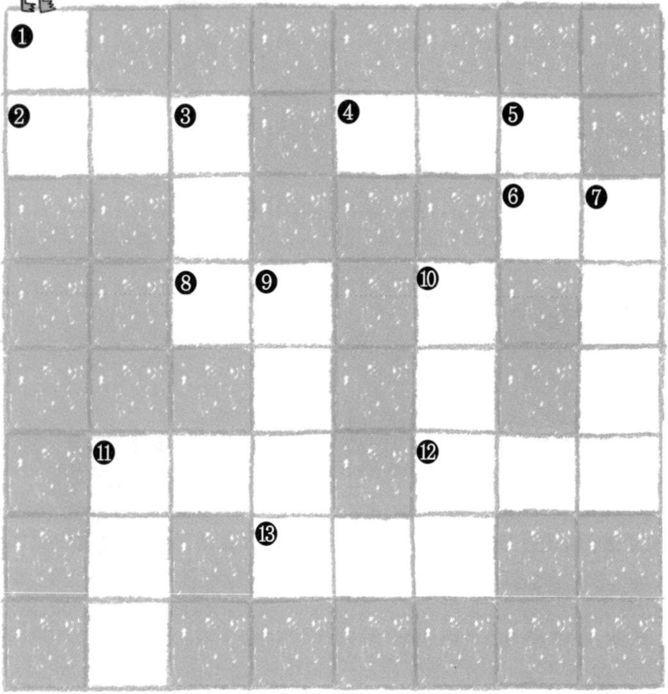

가로 열쇠

2. 물속 동물, 특히 어류에 발달한 호흡 기관
4. 한창 혈기가 왕성할 때의 씩씩한 남자

6. 사리를 밝게 다스리는 재능

예 속담에는 우리 조상들의 지혜와 ○○가 가득 담겨 있다.

8. 생각한 바를 실제로 행함.

11. 술이나 물을 데우거나 그것을 담아 잔에 따를 때 쓰는 그릇

12. 경주 토함산에 있는 절. 석굴암과 함께 신라 불교 예술의 귀중한 유적이다.

13. 바나나를 좋아하는, 사람과 닮은 동물

세로 열쇠

1. 사람의 이를 점잖게 이르는 말

3. 파마, 커트, 화장 등의 미용술로 주로 여성을 아름답게 꾸며 주는 곳. 오늘날에는 남성도 많이 이용한다. ㉥ 미장원

5. 공기 중의 수증기가 찬 물체에 부딪힐 때 생기는 물방울

7. 각 학기가 끝날 무렵 학력을 평가하기 위해 치르는 시험

9. 토지, 물, 삼림, 수산물 등 인간의 생활에 이용할 수 있는 천연적인 물자나 에너지

예 그 지역은 아직 개발이 되지 않아 ○○○○이 풍부하다.

10. 밤에 노란색 또는 황록색 빛을 내며 날아다니는 곤충. ㉥ 개똥벌레

11. 물건을 넣고 다닐 수 있도록 옷에 달거나 덧대어 만든 천

4단계

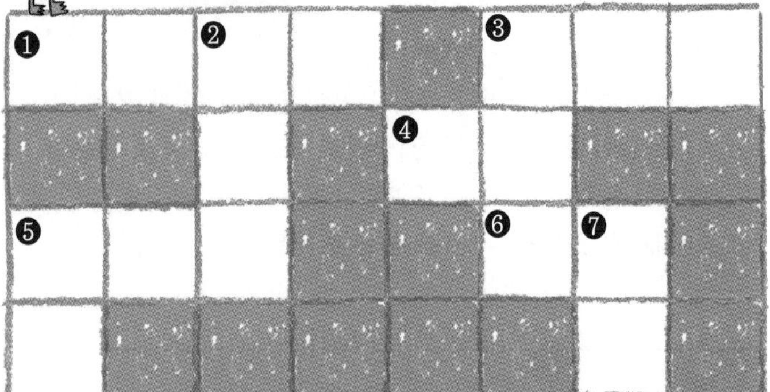

❶		❷			❸		
				❹			
❺					❻	❼	
❽	❾						
					❿		
	⓫		⓬				
			⓭				

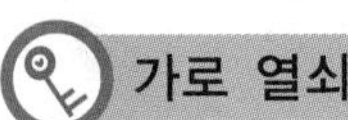

1. 사람이 건너다닐 수 있도록 차도 위에 마련한 길

   예 ○○○○를 건널 때에는 좌우를 살피고 손을 들어요.

3. 못자리에서 기른 모를 논에 옮겨 심는 일

㈜ ○○○ 철에는 아궁 앞의 부지깽이도 뛴다

4. 하던 일을 도중에 그만두어 버림.

예 경아는 가정 형편이 어려워 진학을 ○○했다.

5. 비 온 뒤 보이는 일곱 빛깔의 줄

6. 사람의 얼굴을 새겨 마을이나 절 앞에 세우는 기둥

8. 싸움을 했을 때 안 좋은 감정을 풀어 없애는 일

10. 올챙이가 자라면?

㈜ ○○○ 올챙이 적 생각 못한다

11. 소리를 통해 뉴스, 음악 등을 듣게 해 주는 기계

13. 피자와 파스타로 유명한 유럽 남부의 공화국. 수도는 로마

세로 열쇠

2. 웃을 때 볼에 오목하게 들어가는 부분

3. 모기를 막으려고 치는 장막

5. 우리나라의 나라꽃

7. 싸움에 이긴 여세를 몰아 계속 몰아침.

예 그녀는 뛰어난 실력으로 ○○○○를 거듭하고 있었다.

9. '해를 향해 핀다' 는 뜻을 가진 노랗고 큰 꽃

10. 봄을 상징하는 노란 종 모양의 꽃

12. 가늘고 긴 푸른빛 열매 채소. ○○소박이

4단계

1		2		■	■	■	■
	■		■	■	■	■	3
	■	4			5	■	
	■	■	■	■	6		
7	8		9	■	■	■	■
■		■		■	■	■	■
10		■	11		12	■	■
	■	■	■	■	14		

가로 열쇠

1. 크레용과 파스텔의 특색을 따서 색칠하기 쉽게 만든 막대기 모양의 도구

4. 물이 빙빙 돌면서 흐르는 현상
6. 앞다리가 낫처럼 생긴 사나운 곤충. 버마재비
7. 긴 널빤지를 옆으로 선 자세로 타고
   눈 쌓인 비탈을 내려오는 운동
10. 앉아서 책을 읽거나 글을 읽거나 할 때 앞에 두고 쓰는 상
11. 여러 가지 도구나 손재주로 사람들의 눈을 속여 신기한
    일을 해 보이는 사람
14. 애완동물로 많이 기르는 동물. 야옹야옹 운다.

세로 열쇠

1. 예수의 탄생을 축하하는 명절. ㉥ 성탄절
2. 파견된 사람이 사무를 보는 곳. 경찰관 ○○○가 대표적임.
3. 아기의 똥오줌을 받아 내기 위해 다리 사이에 채우는 물건
5. 집을 옮김.
8. 스웨덴 화학자의 이름을 딴 국제적인 상.
   문학 · 평화 · 경제 · 화학 등 6개 부문이 있음.
9. 텔레비전 등에서 방송되는 극
10. 맡아서 해야 할 임무
    예 이 사고에 대한 전적인 ○○은 나에게 있다.
12. 뜻밖에 일어난 좋지 않은 일
    예 고속도로에서 버스와 화물차가 충돌하는 대형 ○○가
    발생했다.

1	2	■	■	■	■	■	■
■		■	■	■	■	3	4
■	5	6	■	■	■	■	
■	■	7	8	■	9		
■	■	■	10			■	■
■	■	11		■	12	13	■
14			■	■	■	15	■
■	■		■	16			

가로 열쇠

1. 스승으로부터 가르침을 받는 사람
3. 자연적으로 생긴, 깊고 넓게 파여 있는 굴

5. 등과 배에 단단한 딱지가 있는 동물. '느림보' 라 불린다.
7. 공기를 불어 넣으면 커지는 얇은 고무주머니.
너무 크게 불면 '빵' 하고 터져 버리니 주의!
9. 매우 인색한 사람
10. 찹쌀을 쪄서 친 뒤에 썰어서 고물을 묻힌 떡
11. 회답하는 편지
12. 땅이 우묵하게 들어가 물이 괸, 연못보다 넓고 깊은 곳
14. 천 리 밖을 볼 수 있는 눈이라는 뜻으로, 사물을 꿰뚫어 볼 수 있는 힘을 가졌다는 말
16. 쇠를 달구어 연장 등을 만드는 직업을 가진 사람
예 ○○○○는 불에 달군 쇳덩이를 망치로 두드렸다.

세로 열쇠

2. 타고 앉아서 두 발로 페달을 밟아 바퀴를 돌려 가게 하는 탈것
4. 막대기로 밀어 굴리며 노는 둥근 테 모양의 쇠
예 아이들이 ○○○를 굴리며 신 나게 놀고 있다.
6. 북쪽에서 불어오는 바람
8. 잎 대신 가시가 나 있는 식물. 사막에서도 잘 자란다.
9. 꼬리가 아홉 달린 오래 묵은 여우
11. 시험을 치를 때, 답을 적도록 마련된 종이
13. 수영을 할 수 있도록 시설을 갖추어 놓은 곳

4단계

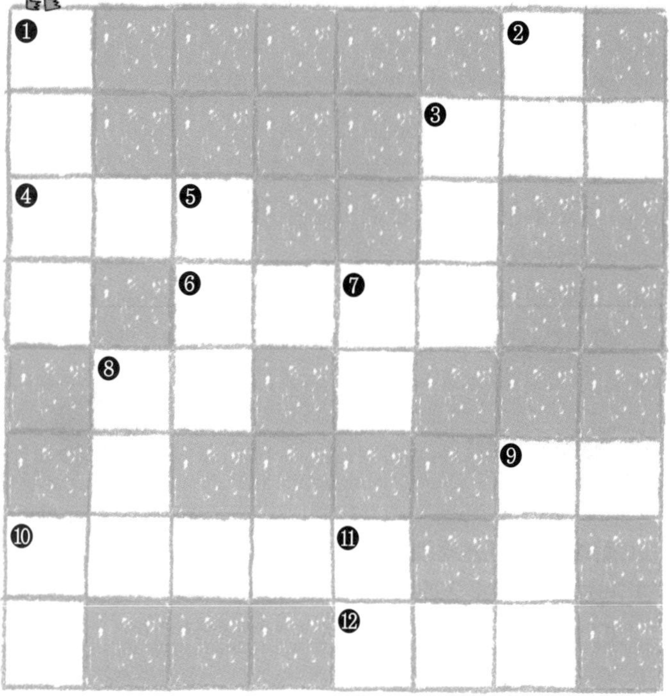

❶						❷	
					❸		
❹		❺					
		❻		❼			
	❽						
						❾	
❿				⓫			
				⓬			

가로 열쇠

3. 음식물을 잘게 부수는 이

4. 몸이 굵고 동작이 느린 큰 뱀. ㊟ ○○○ 담 넘어가듯

6. 남이 모르게 슬며시
8. 우산, 비옷 등 비를 가리기 위해 사용하는 물건
9. 양다래의 열매. 껍질에 갈색 털이 나 있고, 연한 녹색의 속살에는 깨알 같은 씨가 박혀 있다.
10. 조선 제26대 왕인 고종의 아버지. 통상 수교의 거부 정책(쇄국 정책)을 펼쳤다.
예 ○○ ○○○은 며느리인 명성 황후와 사이가 나빴다.
12. 높은 곳이나 낮은 곳을 오르내릴 때 디딜 수 있도록 만든 기구. 두 개의 장대 사이에 가로대를 놓아 만든다.

세로 열쇠

1. 쇠똥이나 말똥 등을 굴리고 다니는 곤충
2. 돈을 절약하여 모아 둠.
3. 자기를 낳아 준 여성을 이르는 말
5. 아주 가늘게 내리는 비
7. 예전에, 주로 농가에 고용되어 그 집의 농사일이나 잡일을 해 주고 품삯을 받던 사내
8. 우주에서 비행하도록 만든 비행체
9. 키가 아주 큰 사람을 놀림조로 이르는 말
10. 제비의 다리를 고쳐 주어 부자가 된 고대 소설 속 주인공
11. 예전에 군인이나 군대를 이르던 말. 비 군졸, 병사, 병졸
예 장군은 ○○를 한자리에 모아 놓고 큰 소리로 말했다.

4단계

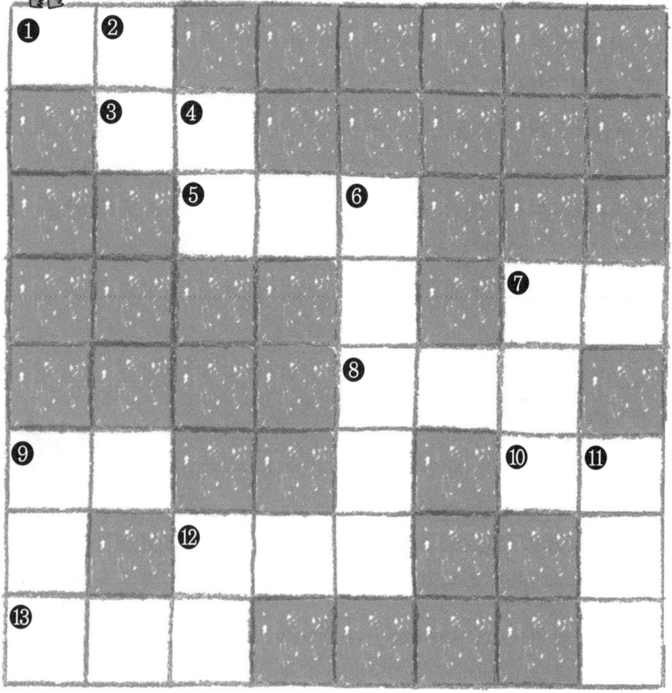

❶	❷						
	❸	❹					
		❺		❻			
						❼	
				❽			
❾						❿	⓫
		⓬					
⓭							

1. 물건을 넣어 들고 다니려고 만든 물건
3. 죽은 사람의 넋. ㉠ ○○ 씻나락 까먹는 소리

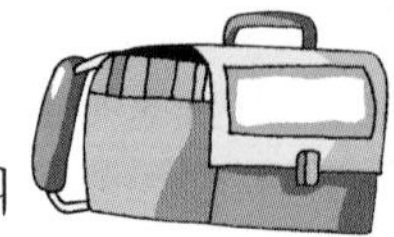

5. 학용품이나 사무용품을 파는 가게

7. 사람의 힘을 더하지 않은 저절로 이루어지는 모든 현상

   예 우리 모두 ○○을 보호합시다!

8. 조선 세조 때, 단종의 복위를 꾀하다가
   처형된 여섯 명의 충신

9. 남의 물건을 훔치거나 빼앗는 사람

   ㊕ ○○이 제 발 저리다

10. 어떤 일이나 현상에 대하여 일어나는 마음

12. 산에서 소리 지를 때, 되울려 나는 소리

13. 성질이 온순하여 길들이기 쉬운, 평화를 상징하는 새

세로 열쇠

2. 배 속의 음식물이 부패하여 똥구멍으로 나오는
   가스. 뽀옹, 뿡 등 재미있는 소리를 내기도 한다.

4. 사회에서 일어나는 사건을 신속하게 널리 전하는 간행물

6. 사다리 모양에 매달려 오가도록 만든 놀이용 기구

7. 스스로의 능력으로 일을 충분히 해낼 수 있다고 믿는 마음

9. 옛이야기에 자주 등장하는, 동물이나 사람의 형상을 한
   잡된 귀신의 하나. 사람을 홀리거나 짓궂은 장난을 한다.

   ㊕ ○○○를 사귀었나

11. 마실 물을 깨끗하게 하는 기구

12. 비늘이 없고 입이 매우 큰 민물고기. 입가에 수염이 있다.

4단계

	❶		❷				❸
❹			❺	❻			
						❼	
❽				❾			
❿	⓫						
			⓬				
⓭							

가로 열쇠

1. 남편이 아내를 허물없이 이르는 말
4. 여름과 겨울 사이에 있는 수확의 계절

5. 특정한 행위를 허가하는 사실을 적어 놓은 증서

예 그녀는 운전 ○○○을 취득한 후 바로 차를 샀다.

7. 장난 삼아 아무 데나 함부로 쓰는 글자나 그림

예 벽에 ○○를 하지 마세요.

8. 바늘에 실을 꿰어 옷을 꿰매는 일
9. 자기를 낳아 준 남자를 이르는 말
10. 부대의 경계선, 출입문 등에서 감시의 역할을 맡은 병사
12. 누르스름하거나 흰 바탕에 검은색 줄무늬가 있는 동물
13. 발을 가까이 자주 떼며 급히 걷는 걸음

세로 열쇠

1. 주로 시골에서, 여러 집이 모여 사는 곳
2. 국수를 기름에 튀겨 만든 즉석식품. 가루수프를 따로 넣는다.
3. 화재를 예방 또는 진압하는 일을 하는 기관
4. 세 가지 다른 손 모양을 내밀어 순서나 승부를 정하는 방법
6. 대와 짚으로 만들어 논밭에 세우는 사람 모양의 물건
7. 몸이 길고 둥글며 다리가 8개인 연체동물. 문어보다 작다.
11. 사람을 부르는 신호로 울리는 종

예 민서는 갑자기 울리는 ○○○ 소리에 밖으로 나갔다.

12. 물이 얼어 굳어진 것

갯벌과 개펄

갯벌은 바닷물이 드나드는 모래톱 또는 그 주변의 넓은 땅을 가리킵니다.
개펄은 바닷물이 드나드는 물가의 개흙이 깔린 벌판으로 간조와 만조의 차가 큰 해안 지형에 발달합니다.
개펄은 개흙, 즉 거무스름하고 미끈미끈한 고운 흙이 깔린 부분을 이르고, **갯벌**은 개펄을 포함하여 모래가 깔린 부분까지 이릅니다.
우리나라는 조수간만의 차가 큰 서해안과 남해안에 개펄이 발달되어 있습니다. 개펄은 침적토, 점토, 바다 생물의 분해물이 쌓여 만들어지므로 야생 생물에게는 매우 소중한 지역입니다. 철새들에게도 아주 소중한 곳이지요.

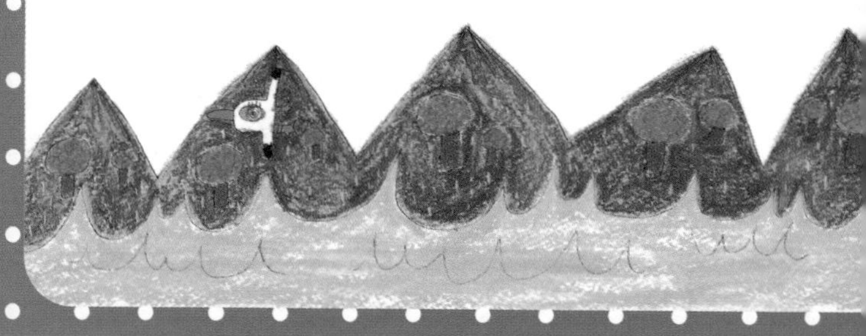

넷째 마당

즐거운 게임으로 아이큐 팡팡 국어 놀이터

1 미로찾기와 함께 두뇌 훈련

2 숨은낱말을 찾으며 주의력 · 집중력 · 어휘력 개발

3 문제해결력과 어휘력 · 상상력을 키워 주는 끝말잇기

4 헷갈리기 쉬운 낱말과 글자 변별하기

5 가위바위보 등 조건에 맞추어 길 따라가기

가, 나, 다, 라, 마, 바, 사, 아, 자, 차, 카, 타, 파, 하의 순서대로 따라가 보세요. 그리고 오른쪽에서 낱말을 찾아 묶으세요.

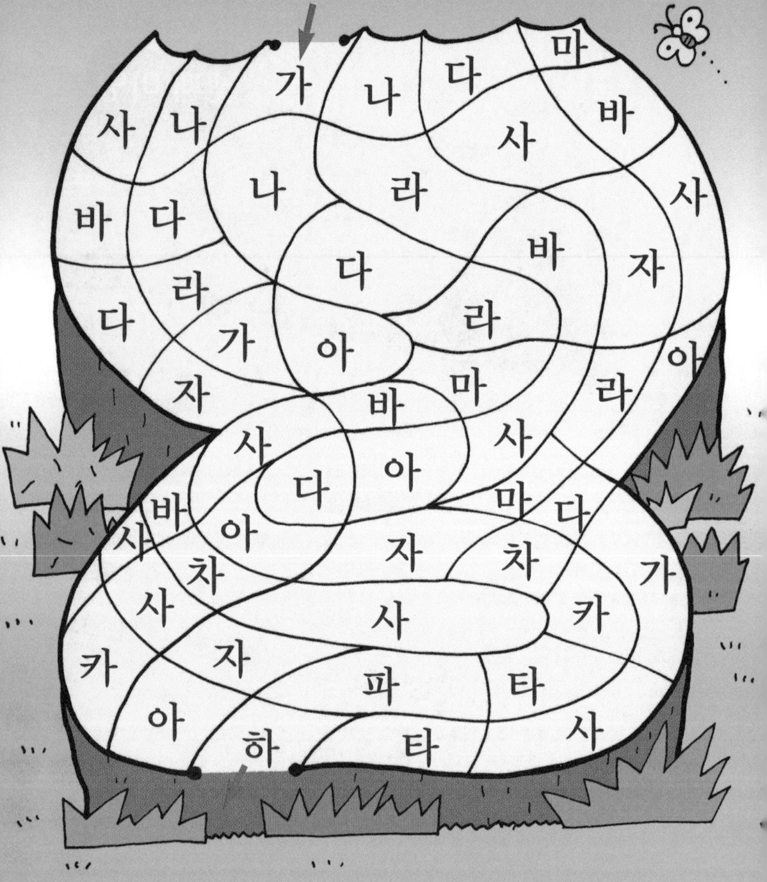

★가마, 나라, 나사, 마차, 바나나, 바다, 사자, 자라, 파자마, 하마

자	다	라	바	나	나
차	타	카	가	아	라
자	라	아	나	타	바
바	가	카	사	아	나
사	자	나	카	바	다
가	마	하	마	파	아
파	나	바	가	자	카
다	하	가	아	마	차

두더지가 친구가 자고 있는 방까지 갈 수 있도록 미로를 따라가 보세요. 그리고 오른쪽에서 낱말 '두더지'를 모두 찾아 묶으세요.

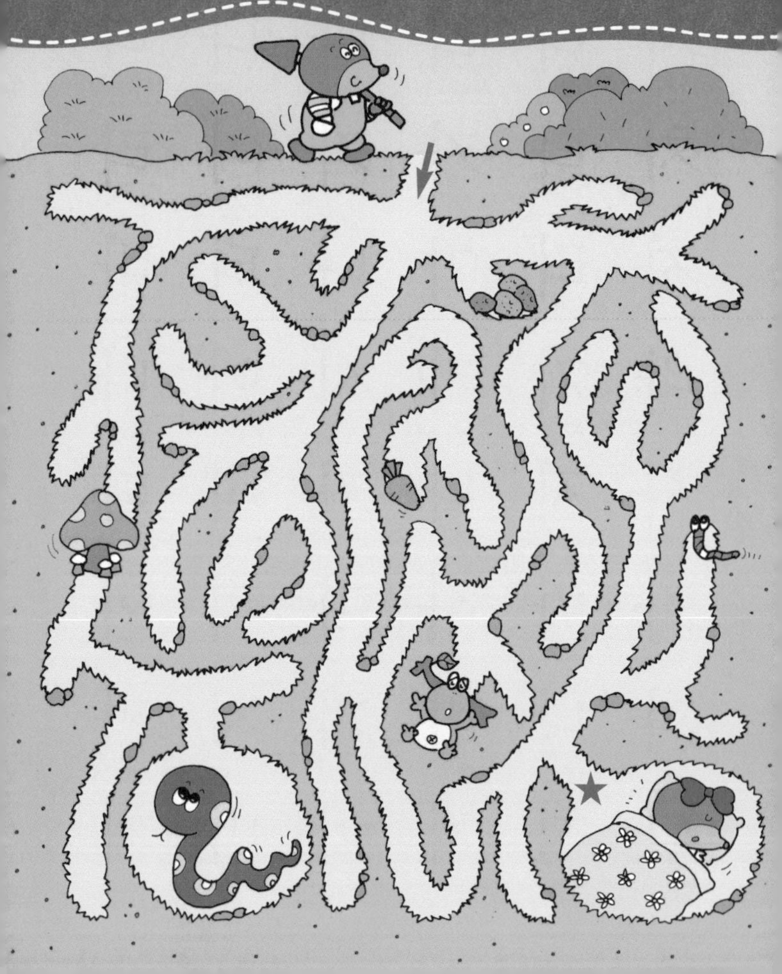

저	두	더	쥐	지	다
다	더	주	두	쥐	두
두	지	자	더	두	더
더	가	둔	두	더	지
지	너	자	더	뒤	자
거	무	다	쥐	두	도
두	더	지	두	저	더
도	쥐	두	더	지	다

★두더쥐가 아니고 두더지입니다.

★부터 이기는 쪽으로 따라가 보세요. 그리고 오른쪽에서 낱말 '가위' '바위' '보'를 찾아 묶으세요.

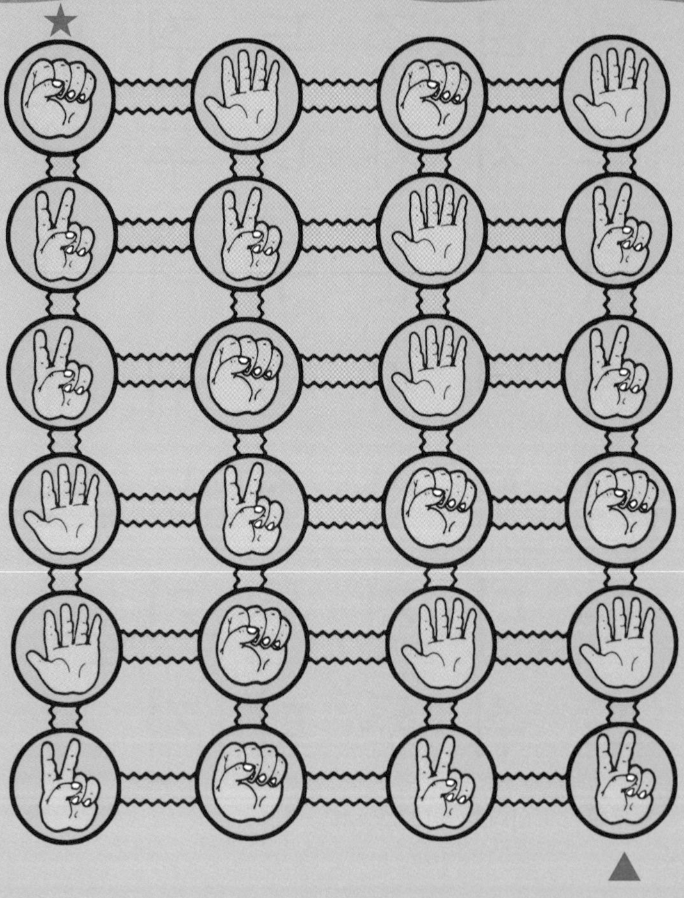

★

▲

거	위	바	보	소	바
바	가	위	부	위	가
가	부	거	이	바	위
위	보	바	두	보	가
바	우	위	거	고	바
비	가	부	위	보	위
가	위	가	바	위	바
보	바	위	오	가	위

★가위, 바위, 보를 각각 다른 색깔로 묶으면 알아보기 쉽지요.

하나부터 열까지 수의 개수를 나타내는 낱말을 순서대로 따라가고, 오른쪽에서 각 낱말을 찾아 묶어 보세요.

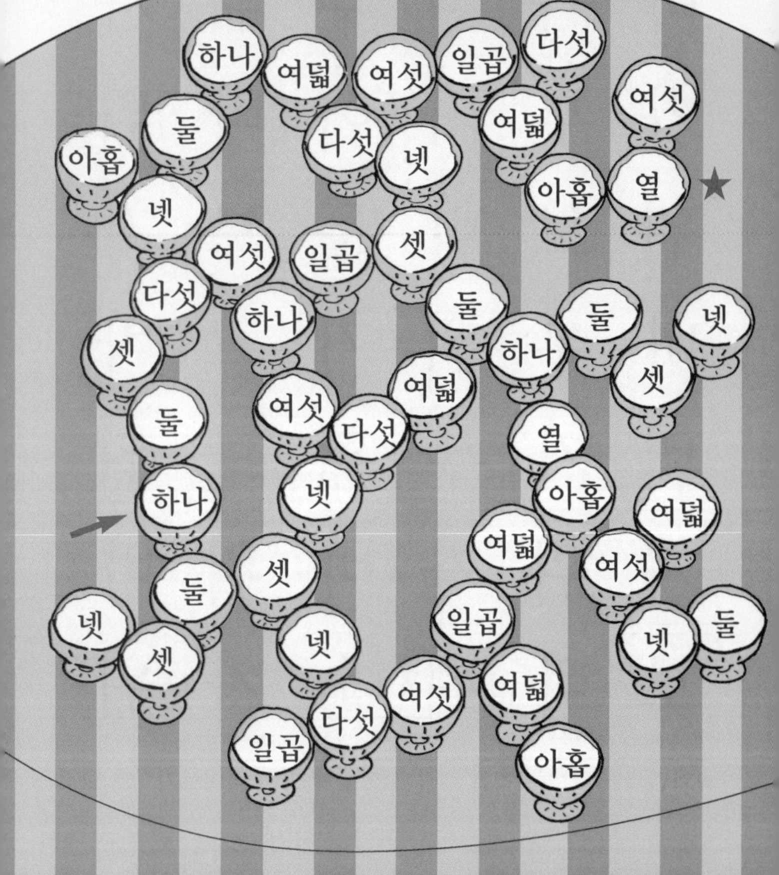

넷 다 성 여 둥 하

다 여 무 소 넛 나

일 고 둘 개 루 여

보 가 개 미 셋 덥

미 여 덟 다 아 홉

다 섯 두 섭 넥 얼

라 덜 섯 다 일 두

열 아 홉 하 곱 석

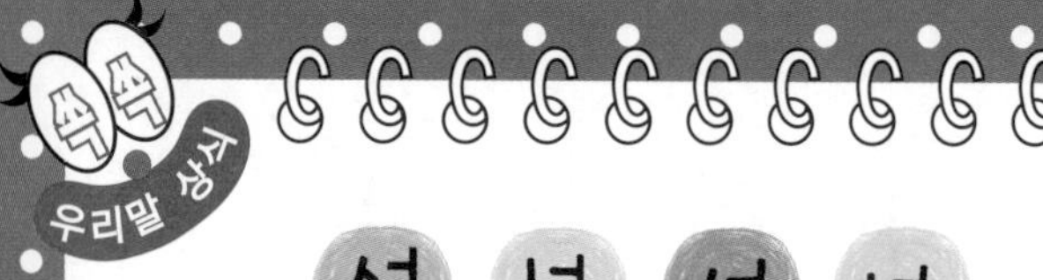

석 넉 서 너

개수를 나타내는 말 **세, 네**는 뒤에 오는 명사에 따라 **석** 또는 **서**, **넉** 또는 **너**로 쓰기도 합니다.

● '냥', '되', '섬', '자' 따위 ㄴ, ㄷ, ㅅ, ㅈ 등을 첫소리로 하는 몇몇 명사 앞에서는 '석, 넉'을 씁니다.

감초 석 냥/좁쌀 석 되/쌀 석 섬/비단 석 자/석 달/석 장

금 넉 냥/콩 넉 되/보리 넉 섬/삼베 넉 자/넉 달/넉 장

● '돈', '말', '발', '푼', '홉' 따위 ㄷ, ㅁ, ㅂ, ㅍ, ㅎ을 첫소리로 하는 몇몇 명사 앞에서는 '서, 너'를 씁니다.

금 서 돈/쌀 서 말/서 푼/서 발 장대

은 너 돈/콩 너 말/참깨 너 홉

●그 밖의 경우 대체로 '세, 네'를 씁니다.

공책 세 권/편지 세 통/세 번/다람쥐 세 마리/세 살

연필 네 자루/주스 네 컵/고양이 네 마리/아이 네 명/네 시간

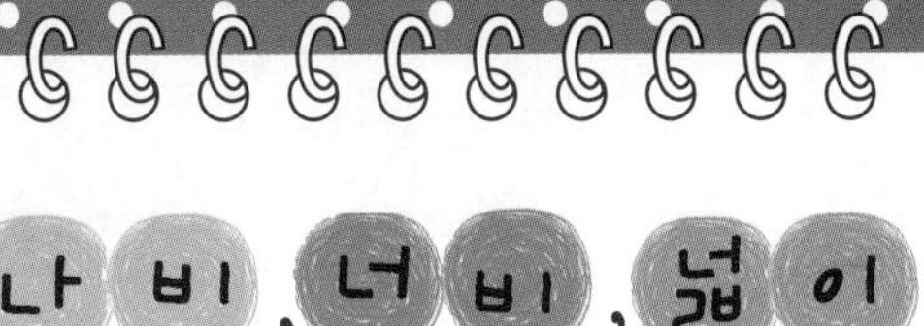

이 셋은 헷갈리기 쉽습니다.

너비는 평면이나 넓은 물체의 가로로 건너지른 거리를 일컫는데, 주로 강이나 도로 등의 폭을 일컬을 때 사용합니다.

한편, 옷감이나 종이 따위의 폭은 **나비**라고 합니다.

넓이는 일정한 평면에 걸쳐 있는 공간이나 범위의 크기를 이릅니다. '면적' 이라고도 하지요.

★표까지 미로를 빠져나가 보세요. 꼭 노래하는 얼굴만 따라가야 해요. 그리고 오른쪽에서 '노'로 시작하는 낱말을 모두 찾아 묶으세요.

*노래하는 얼굴에는 음표가 붙어 있어요.

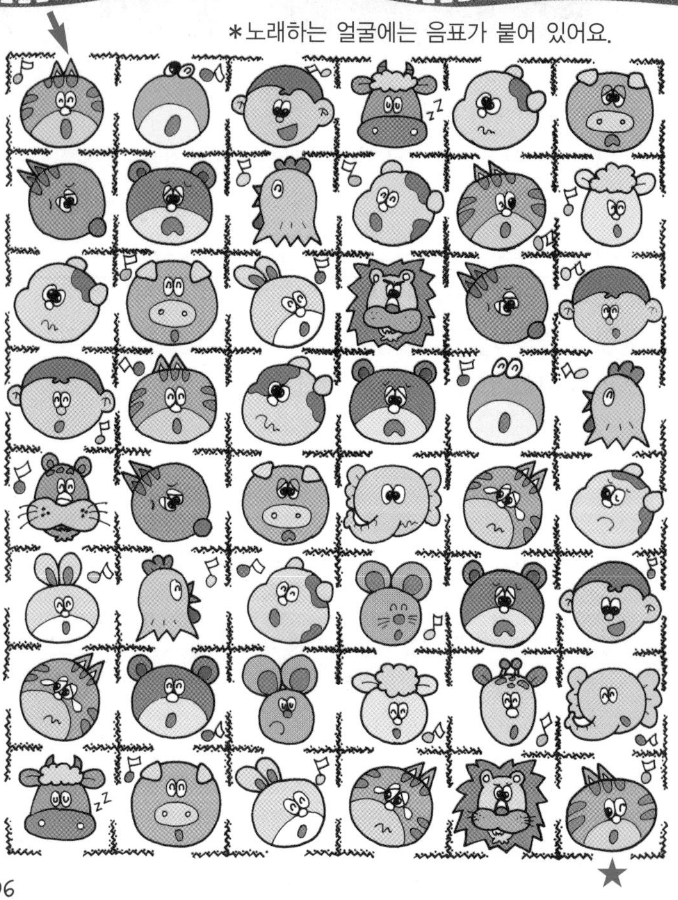

★노인, 노루, 노벨상, 노르웨이, 노른자위, 노래기, 노크, 노래

로	일	노	프	노	인
구	서	카	루	크	이
루	노	다	쥐	래	나
노	래	기	가	우	지
서	노	르	웨	이	니
요	린	노	른	자	위
노	재	벨	이	진	거
루	리	상	그	거	러

여우와 두루미를 식탁까지 데려다 주세요. 그리고 오른쪽에서 낱말 '여우'와 '두루미'를 모두 찾아 묶으세요.

요 두 로 미 여 유

두 루 이 여 우 이

루 미 더 미 도 리

우 래 머 두 루 미

여 우 르 여 미 도

우 두 노 위 아 두

도 루 드 여 우 루

두 미 루 우 여 이

미로 가운데 놓인 수박 껍질은 누가 먹고 난 것일까요? 그 친구에게 ○표 하고, 오른쪽에서 '씨'로 끝나는 말을 모두 찾아 묶어 보세요.

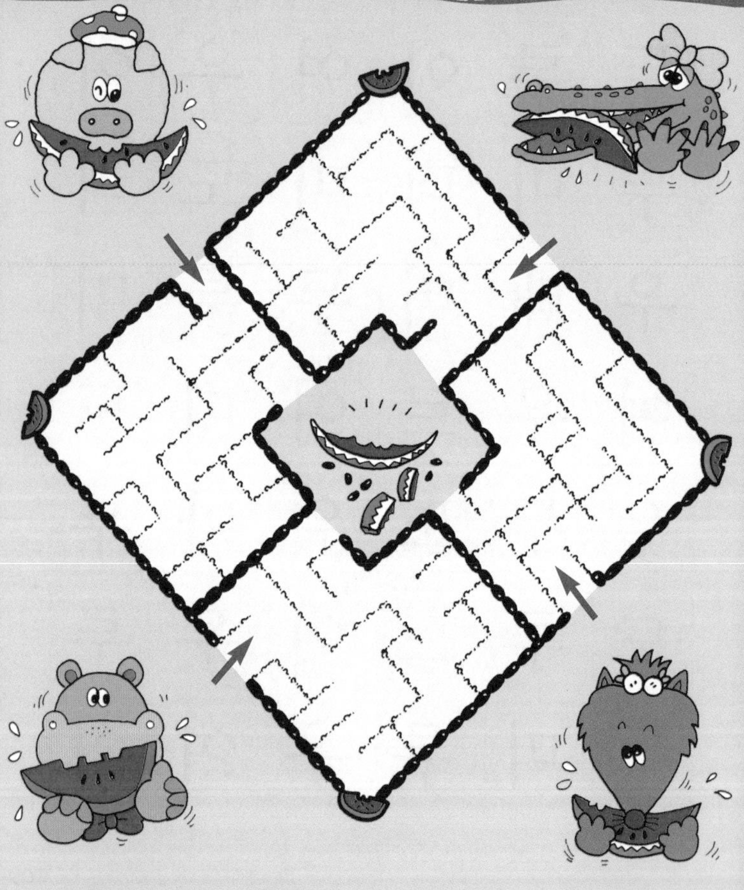

★수박씨, 꽃씨, 볍씨, 호박씨, 해바라기씨, 대추씨, 고추씨, 박씨

수	막	껍	질	소	해
상	배	수	박	시	바
씨	호	박	씨	허	라
화	묵	씨	악	루	기
벼	밥	오	견	꽃	씨
볍	씨	노	대	추	고
꽃	기	고	추	씨	초
대	초	서	씨	지	씨

장화 신은 고양이가 궁전에 닿을 수 있도록 미로를 빠져나가 보세요. 그리고 오른쪽에서 장화부터 끝말 이어 가기를 해 보세요.

장	화	말	이	주	고
미	산	소	러	우	레
기	라	포	도	상	우
로	치	림	깨	리	군
미	꼬	호	비	둘	기
고	구	로	시	미	러
인	강	원	도	붕	기
돌	양	토	회	어	차

앨리스가 꿈을 꾸고 있어요. 무슨 꿈을 꾸고 있는지 길을 따라가세요. '꿈' 처럼 ㄲ으로 시작하는 한 글자 낱말을 오른쪽에서 찾아보세요.

★꾀, 꿀, 꿩, 끈, 꿈, 꽃, 깨, 껌, 끌, 꼴, 끝

까 꺼 꾸 꿩 뀨 꿉
꼰 끈 껑 깽 규 골
낀 곤 꿈 꿉 껌 깜
꾀 꺼 끄 깨 꾸 꿍
꿀 꼬 꽃 껑 꼼 꼴
꺼 께 꽃 꾸 꼬 꺄
낀 꾹 꿉 꺼 끌 끙
근 권 꽁 꿋 깼 끝

모든 집에 우편물을 배달할 수 있도록 도와주세요. 지나간 길을 다시 지나갈 수는 없어요. 그리고 오른쪽에서 낱말을 찾아 묶으세요.

공사중

편지

★집배원, 소방관, 환경미화원, 경찰관, 은행원, 의사, 간호사, 약사

약	수	편	은	요	리
제	표	지	행	약	사
아	집	배	원	곡	검
미	바	선	국	사	판
우	환	경	미	화	원
호	판	찰	표	꼬	간
소	방	관	봉	끌	호
민	권	꽁	사	의	사

쿠린내를 피해 달아날 수 있게 미로를 빠져나가 보세요. 그리고 오른쪽에서 각각 바른 낱말을 찾아 묶으세요.

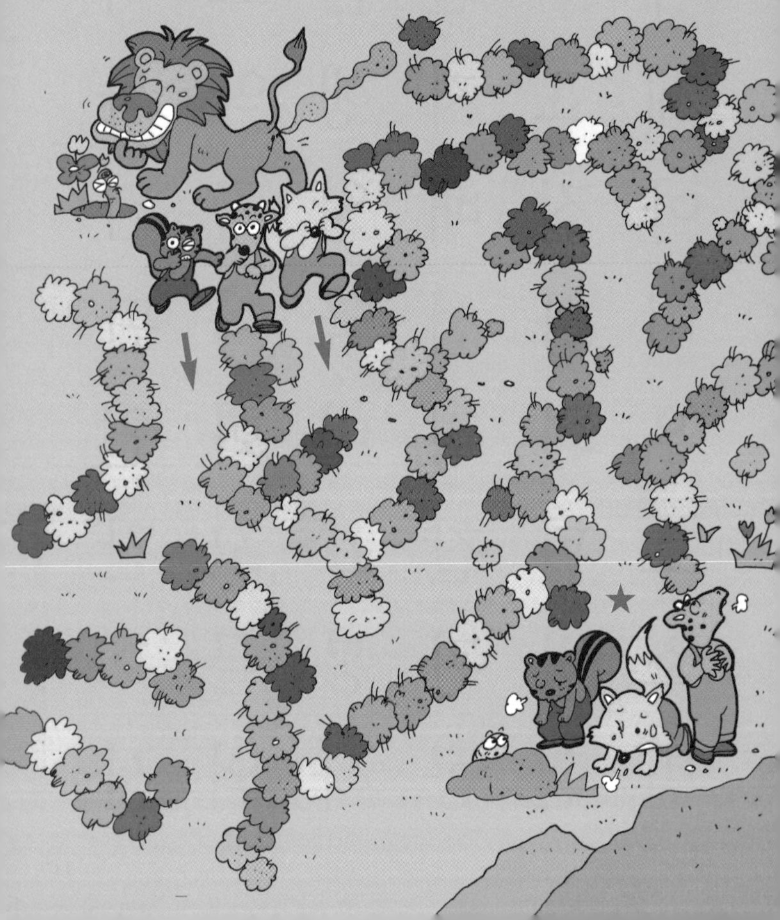

방 구
귀

쌍 꺼 풀
까
풀

눈 꼽
곱

무 릅
릎

눈 까 플
꺼
풀

눈 썹
섭

친구들에게 저마다 무엇이 필요한지 미로를 따라가 보세요. 그리고 오른쪽에서 낱말을 찾아 묶고 큰 소리로 읽으세요.

셔 틀 콕 베

툴 배 트

쿡

탁

야 구 공

베 공

배 드 민 턴

민 라

톤 래 킷

율과 률

야구에서, 투수가 상대 팀의 공격을 방어한 비율을 '방어율'이라고 합니다. 또한 투수가 던진 공을 타자가 배트로 친 비율을 '타격률', 줄여서 '타율'이라고도 합니다.

그런데 똑같이 비율을 뜻하는 ~率을 쓰는데 왜 **'~율'** 또는 **'~률'**로 표기할까요?

率이 모음으로 끝나거나 ㄴ 받침을 가진 일부 명사 뒤에 올 경우 **율**, 그 밖의 경우에는 **률**로 표기한답니다.

율로 표기하는 경우 : 백분율, 비율 실패율, 환율

률로 표기하는 경우 : 출생률, 사망률, 성공률, 승률, 합격률, 확률

*법을 뜻하는 ~律의 경우에도 ~率과 마찬가지입니다.

율로 표기하는 경우 : 규율, 자율, 불문율, 운율, 인과율, 조율

률로 표기하는 경우 : 법률, 음률, 천편일률

껍데기와 껍질

달걀이나 조개, 달팽이 등의 겉을 싸고 있는 단단한 물질은 **껍데기**라고 합니다. 사과나 배, 나무 따위 무른 물체의 거죽을 싸고 있는 질긴 물질의 켜는 **껍질**이라고 합니다.

너머와 넘어

"산 너머, 고개 너머"와 같이 높이나 경계로 가로막은 사물의 저쪽, 또는 그 공간을 **너머**라고 합니다. 남이 하는 것을 옆에서 보거나 듣거나 할 때 '어깨너머로' ~한다고 하지요.

넘어는 "산을 넘어 간다."와 같이 동작을 나타내는 데 비해 **너머**는 공간이나 공간의 위치를 나타낸답니다.

난쟁이들이 백설 공주를 찾을 수 있게 길을 따라가 보세요. 그리고 둘 중에서 바른 낱말을 찾아 묶으세요.

나 무 잎 개

뭇 갯 수

잎

바 닷 물

다 내

물 냇 과

우 유 병 제 사 날

윳 삿

병 날

당나귀는 어떻게 될까요? 미로를 빠져나가 보세요. 그리고 오른쪽에서 '당나귀'부터 끝말을 이어 보세요. 마지막 낱말은 무엇일까요?

당	다	귀	도	지	다
나	더	걸	래	도	리
귀	걸	이	갈	로	바
보	가	글	시	비	노
수	비	루	비	차	에
거	다	름	누	에	커
구	박	표	기	너	초
두	호	거	후	지	구

식탁에 닿을 수 있도록 조리 기구를 따라가고, 오른쪽에서 '요리사'부터 끝말 이어 가기를 해 보세요. 요리를 먹을 주인공이지요.

요 리 책 국 자 프
리 주 걱 래 도 라
사 과 이 갈 로 이
토 수 칼 거 비 팬
마 원 숭 이 차 숟
주 설 자 슬 커 가
전 박 냄 비 행 기
거 냄 새 젓 지 린

침대 미로를 빠져나가면 장난감을 가지고 놀 수 있대요. 그리고 '침대'부터 끝말 이어 가기를 해 보세요. 마지막 낱말은 무엇일까요?

침	팬	조	도	주	자
대	나	무	처	도	라
거	과	지	고	로	이
생	책	개	미	비	팬
쥐	원	허	꾸	러	우
자	동	료	라	문	가
앨	안	경	지	렁	이
록	블	오	공	책	불

펭귄 친구들이 이글루까지 갈 수 있게 미로를 빠져나가 보세요. 그리고 오른쪽에서 낱말 '펭귄'을 모두 찾아 묶으세요.

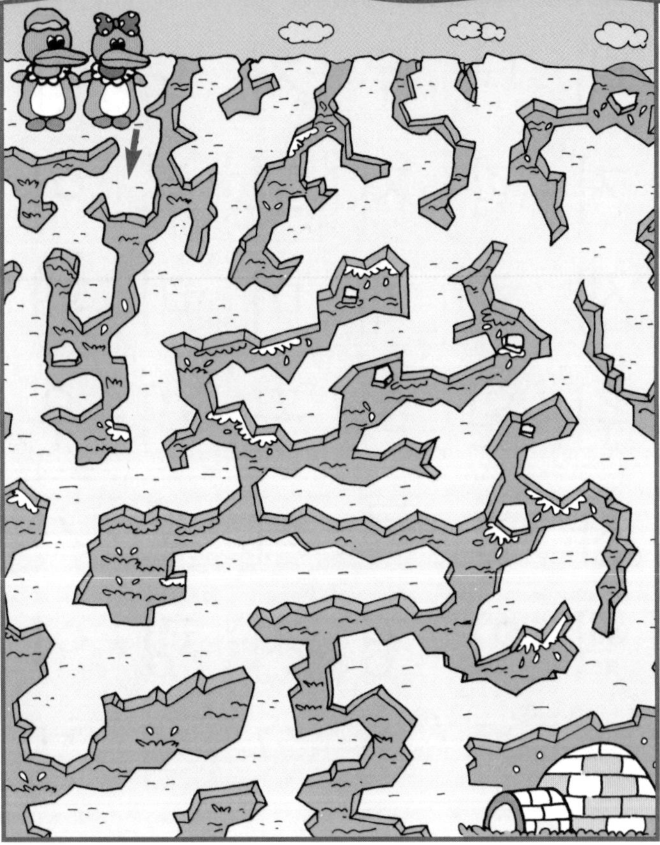

팡 펭 구 펭 권 펭

팽 권 평 펭 팡 군

펭 길 펭 권 권 평

권 펭 권 퐁 펭 권

군 팡 권 꾸 균 펭

펭 권 펭 고 팽 권

권 팡 권 펭 권 팽

펭 귀 평 균 핑 권

수영할 때 필요한 것을 모두 찾아 가며 수영장까지 가 보세요. 그리고 오른쪽에서 낱말을 찾아 묶으세요.

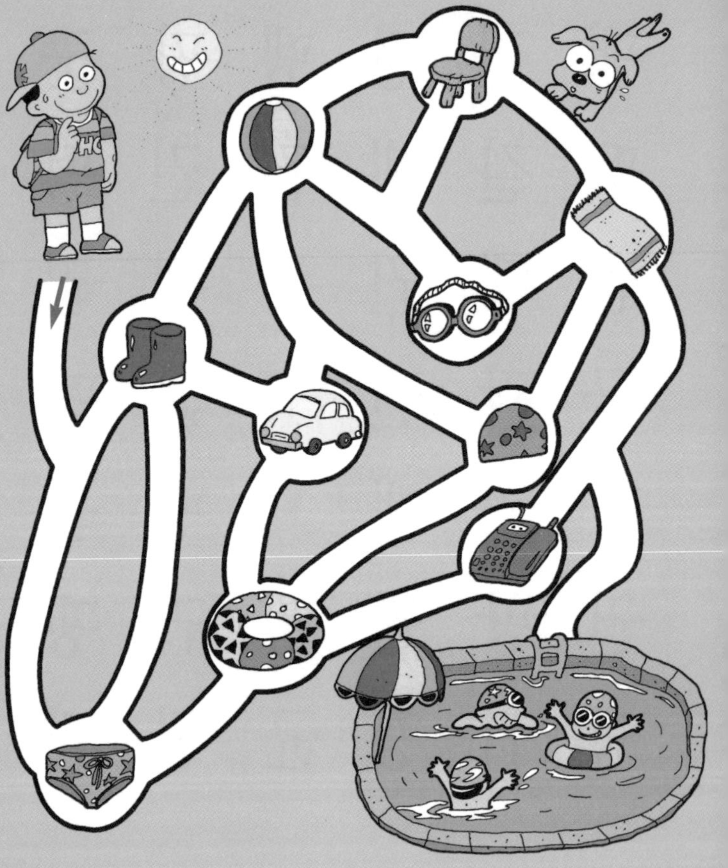

★비치볼, 수영복, 튜브, 수건, 물안경, 수영모

수	레	화	부	튜	투
안	강	자	의	브	비
물	부	장	수	토	경
자	동	수	영	복	사
군	차	건	모	치	볼
의	솔	화	고	비	두
물	안	경	장	치	양
자	의	우	수	볼	구

쥐돌이가 ★표까지 갈 수 있도록 물 위에 떠 있는 것들을 따라가 보세요. 오른쪽에서 낱말을 찾아 묶고, 낱말에 맞는 그림을 찾으세요.

★타이어, 안테나, 시계, 방비, 마당비, 인형, 솥, 신발, 축구공

철수가 어떤 운동을 하는지 따라가 보세요.
그리고 오른쪽에서 각 운동의 이름을 찾아
묶고, 큰 소리로 읽으세요.

수 학 구 농 귀 야

양 수 축 고 소 균

타 영 기 농 영 수

구 슈 양 귀 축 야

추 영 구 탁 구 농

농 수 야 축 규 축

구 여 수 열 야 죽

야 구 양 탁 추 구

베짱이와 함께 열심히 일하는 개미가 있는 방만 따라가 보세요. 그리고 오른쪽에서 '개'로 시작하는 낱말을 찾아 묶으세요.

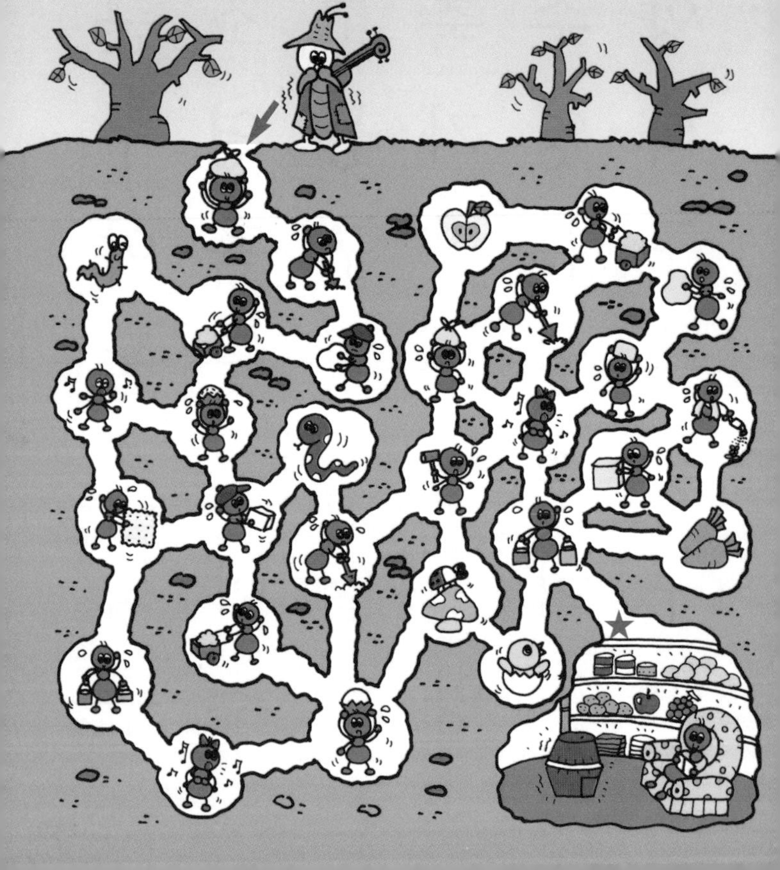

★개미, 개나리, 개그맨, 개구쟁이, 개암나무, 개천절, 개구리밥

가	구	게	쟁	이	미
거	리	개	그	맨	군
고	개	군	쟁	호	장
개	나	리	개	무	줄
천	비	개	구	리	밥
절	노	암	쟁	초	상
게	파	나	이	개	미
임	리	무	지	거	물

과일나무를 모두 지나가 보세요. 지나간 길을 다시 지나갈 수는 없어요. 오른쪽 페이지에서 '과일' 부터 '과수원' 까지 끝말잇기를 하세요.

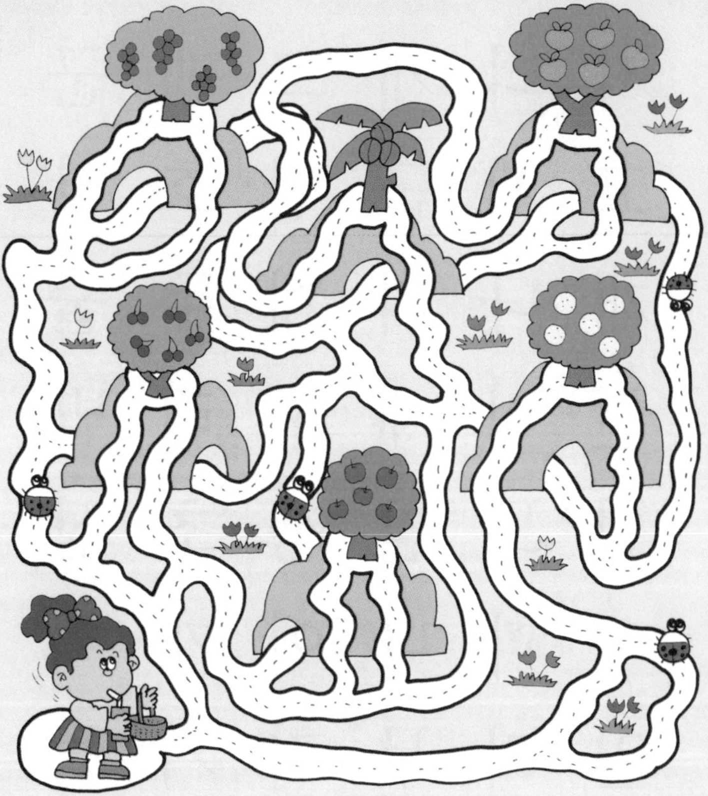

과	일	개	무	버	찌
구	기	카	메	로	도
노	장	미	꾸	래	지
레	나	국	가	우	점
서	리	개	수	박	봉
요	두	나	버	사	과
한	강	림	송	새	수
나	리	감	아	거	원

반드시와 반듯이

반드시는 '틀림없이', '꼭'을 뜻합니다. "그는 반드시 그 일을 해낼 것입니다.", "밥을 먹은 다음에는 반드시 이를 닦아야 합니다."와 같이 쓰이지요.

반듯이는 '비뚤어지거나 기울거나 굽지 않게 바르게'를 뜻합니다. "고개를 반듯이 세우다."와 같이 쓰이지요.

다리다와 달이다

다리다는 다리미로 옷 따위의 구김살을 펴는 것을 이릅니다. "다리미로 와이셔츠를 다리다."와 같이 쓰이지요. 이와 달리 **달이다**는 끓여서 진하게 만드는 것을 이릅니다. "한약을 달이다."와 같이 쓰입니다.

다섯째 마당

문제풀이와 특별 부록

1 친절한 설명을 곁들인 정답

2 도표로 알기 쉽게 정리한, 헷갈리기 쉬운 우리말

3 도표로 알기 쉽게 정리한, 헷갈리기 쉬운 외래어

첫째마당 자음자 ㄱ~ㅎ, 쌍자음자와 함께 가로세로 낱말 퍼즐

기	가	수	거	소	고
서	위	더	차	아	레
우	곡	궁	개	귀	러
기	른	카	구	어	붕
저	거	울	리	머	저
은	자	운	금	곰	기
봉	족	가	붕	곱	린
다	허	곡	어	시	인

▲5쪽

너	노	비	장	보	림
레	탁	더	홍	오	극
녹	라	나	비	타	차
노	구	무	깨	맛	너
익	치	근	누	나	장
누	너	초	다	냉	낭
파	노	랑	농	장	카
호	래	거	획	고	구

▲7쪽

조	다	람	쥐	나	돼
처	리	불	두	더	지
웨	라	선	항	러	종
바	록	도	깨	비	다
권	옹	사	성	분	랑
컴	당	근	둑	호	아
톡	너	지	차	중	두
다	깡	토	암	마	부

▲9쪽

저	다	존	바	라	면
심	결	호	험	디	꾸
라	목	고	나	오	초
걸	겨	치	레	슬	링
사	음	녀	몬	바	귀
로	봇	루	마	갈	김
켓	탈	바	리	퍼	색
나	철	구	본	마	근

▲11쪽

민	연	루	메	뚜	기
들	터	보	구	아	해
레	모	자	당	유	바
벼	비	마	둑	마	늘
왕	주	무	카	라	두
며	마	지	총	톤	원
파	말	개	후	우	커
무	의	가	규	모	랑

▲13쪽

자	약	부	엌	노	경
달	혀	식	구	주	라
자	비	행	기	타	부
렴	누	프	서	포	나
고	바	나	나	바	기
네	다	호	백	푸	승
파	나	삐	병	원	카
도	슬	겨	익	버	스

▲15쪽

사	과	스	수	나	히
자	타	도	버	우	려
소	료	아	무	디	왜
바	가	수	박	요	나
서	흑	건	키	바	샌
곡	정	버	소	녀	드
추	나	위	시	동	위
다	혹	거	계	마	치

▲19쪽

브	다	처	바	팽	모
음	항	아	버	지	라
고	라	압	노	터	앙
우	산	미	부	아	니
서	곡	오	리	바	도
가	력	이	송	트	아
푸	류	불	인	형	열
흑	허	가	쏘	마	쇠

▲21쪽

방	접	시	바	히	루
차	전	노	쿠	아	종
주	화	에	지	렁	이
바	구	카	우	의	즈
송	회	노	개	무	다
가	이	후	자	동	차
퓨	나	바	두	자	쿠
다	주	애	차	오	고

▲23쪽

자	요	라	필	침	대
차	그	양	가	커	로
혼	라	답	소	북	바
바	스	자	표	치	약
으	자	축	카	마	다
거	술	구	재	지	한
창	채	소	어	책	카
문	없	라	신	마	옥

▲25쪽

크	더	택	크	나	본
컵	코	끼	리	아	일
스	알	디	스	타	치
교	라	화	마	으	녀
드	자	나	스	카	도
가	만	호	이	드	아
팡	나	캥	거	루	커
두	하	배	아	화	피

▲27쪽

목	다	텔	버	어	나
상	트	레	가	타	조
저	라	비	쓰	타	티
감	가	전	튤	구	셔
토	마	토	립	파	츠
끼	택	호	마	디	아
파	시	봉	서	자	한
디	유	가	굴	스	차

▲29쪽

마	도	호	바	나	과
로	타	쿠	가	오	라
팔	서	계	나	타	아
바	력	카	피	자	나
펭	귄	씨	아	바	상
가	파	리	노	파	아
포	도	바	의	으	카
다	협	고	전	마	출

▲31쪽

함	다	요	바	기	코
부	타	화	장	실	라
자	헬	이	노	투	하
티	리	강	호	박	마
세	콥	나	랑	파	해
가	터	피	이	크	바
괴	햄	버	거	자	라
스	아	알	아	호	기

▲33쪽

바	까	마	귀	나	커
꾸	치	바	꼬	어	라
형	라	깡	통	타	꺼
바	모	커	리	정	나
뜨	자	깔	끄	바	드
그	마	개	버	꽃	아
꿀	나	코	후	저	카
더	쪼	가	관	미	찡

▲35쪽

뚜	다	딱	따	구	리
똥	타	머	거	드	라
자	음	아	떡	타	바
리	쇄	딸	케	아	노
숭	자	기	실	뜨	따
김	땅	콩	라	파	우
파	바	아	또	자	뜰
니	닥	라	희	푸	차

▲39쪽

랑	다	인	바	걸	나
차	타	빼	가	빨	강
자	호	아	너	래	차
예	검	빵	소	아	팩
쁘	자	뿌	리	처	다
가	이	스	마	퍽	뿔
빠	르	다	두	자	증
드	일	고	아	뼈	빼

▲41쪽

자	아	의	바	나	써
쏘	타	쌀	가	련	트
자	쌍	둥	이	타	바
크	가	쭈	사	어	싸
호	총	도	싹	거	움
가	씻	항	마	쁘	아
쓰	다	타	쑤	로	키
트	하	체	아	씨	름

▲43쪽

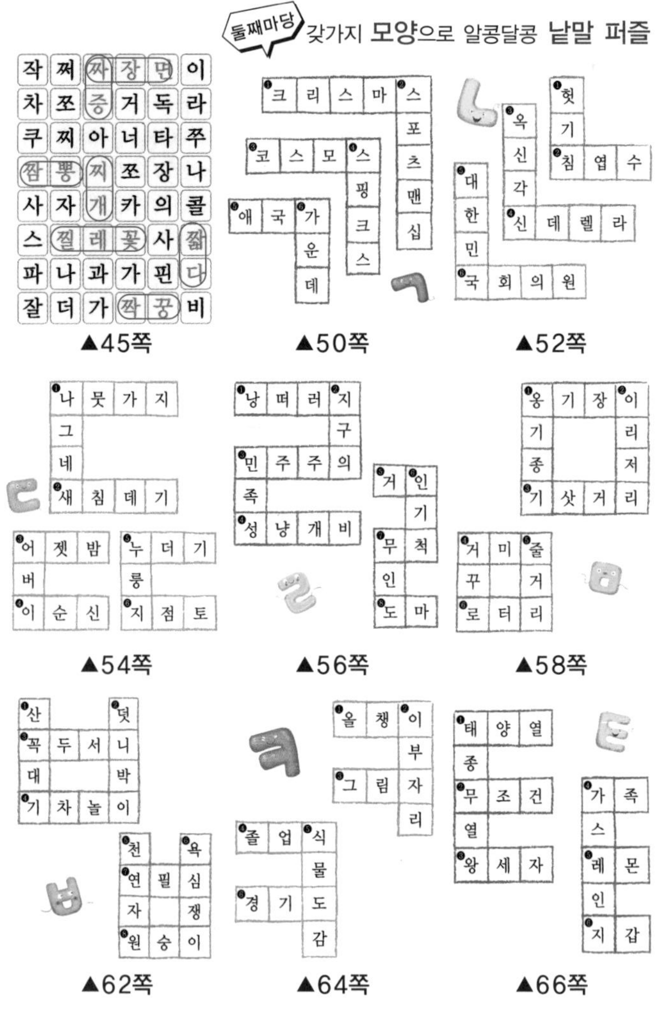
둘째마당
갖가지 모양으로 알콩달콩 낱말 퍼즐
작 쩌 짜 장 면 이
차 쪼 중 거 독 라
쿠 찌 아 너 타 쭈
짬 뽕 찌 쪼 장 나
사 자 개 카 의 콜
스 찔 레 꽃 사 짧
파 나 과 가 핀 다
잘 더 가 짝 꿍 비
▲45쪽
❶크리스마스 ❷스포츠맨십 ❸코스모스 ❹스핑크스 ❺애국가 ❻가운데
▲50쪽
❶헛기침 ❷침엽수 ❸옥신각신 ❹신데렐라 ❺대한민국 ❻국회의원
▲52쪽
❶나뭇가지 나그네 ❷새침데기 ❸어젯밤 어버이 ❹이순신 ❺누더기 누룽지 ❻지점토
▲54쪽
❶낭떠러지 ❷지구의 ❸민주주의 민족 ❹성냥개비 ❺거인 ❻인기척 ❼무척 무인도 ❽도마
▲56쪽
❶옹기장이 옹기종기 ❷이리저리 ❸기삿거리 ❹거미줄 거꾸로 ❺줄거리 ❻로터리
▲58쪽
❶산꼭대기 ❷덧니박이 ❸꼭두서니 ❹기차놀이 ❺천연자원 ❻욕심쟁이 ❼연필심 ❽원숭이
▲62쪽
❶올챙이 ❷이부자리 ❸그림자 ❹졸업식 ❺식물도감 ❻경기도
▲64쪽
❶태양열 태종무열왕 ❷무조건 ❸왕세자 ❹가족 가스레인지 ❺레몬 ❻지갑
▲66쪽

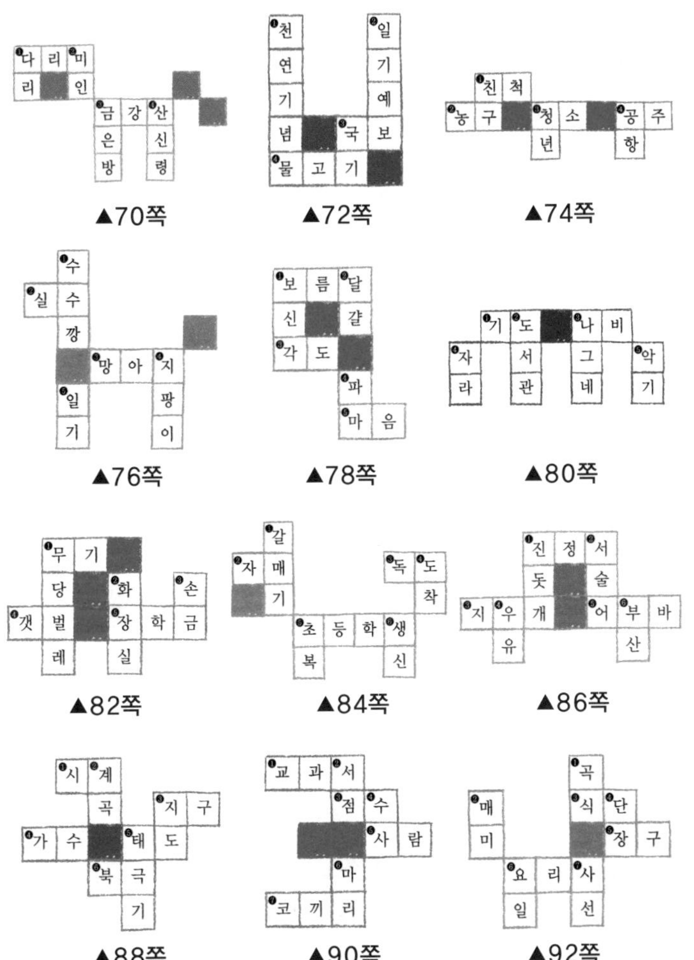

다 리 미
리 인
금 강 산
은 신
방 령
▲70쪽
천 일
연 기
기 예
념 국 보
물 고 기
▲72쪽
친 척
농 구 청 소 공 주
년 항
▲74쪽
수
실 수
짱
망 아 지
일 팡
기 이
▲76쪽
보 름 달
신 걀
각 도
파
마 음
▲78쪽
기 도 나 비
자 서 그 악
라 관 네 기
▲80쪽
무 기
당 화 손
갯 벌 장 학 금
레 실
▲82쪽
갈
자 매 독 도
기 착
초 등 학 생
복 신
▲84쪽
진 정 서
돗 술
지 우 개 어 부 바
유 산
▲86쪽
시 계
곡 지 구
가 수 태 도
북 극
기
▲88쪽
교 과 서
점 수
사 람
마
코 끼 리
▲90쪽
곡
매 식 단
미 장 구
요 리 사
일 선
▲92쪽

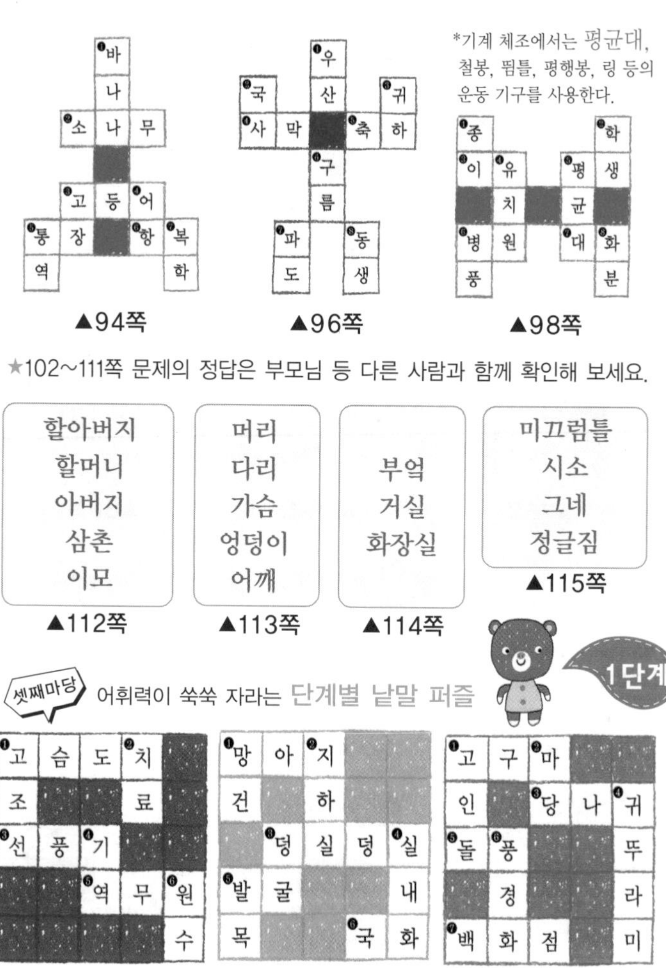

❶바 나
❷소 나 무
❸고 등 ❹어
❺통 장 ❻항 ❼복
역 학
▲94쪽
❶우 산
❷국 ❸귀
❹사 막 ❺축 하
❻구 름
❼파 도 ❽동 생
▲96쪽
*기계 체조에서는 평균대, 철봉, 뜀틀, 평행봉, 링 등의 운동 기구를 사용한다.
❶종 ❷화
❸이 ❹유 ❺평 생
치 균
❻병 원 ❼대 ❽화
풍 분
▲98쪽
★102~111쪽 문제의 정답은 부모님 등 다른 사람과 함께 확인해 보세요.
할아버지
할머니
아버지
삼촌
이모
▲112쪽
머리
다리
가슴
엉덩이
어깨
▲113쪽
부엌
거실
화장실
▲114쪽
미끄럼틀
시소
그네
정글짐
▲115쪽
셋째마당
어휘력이 쑥쑥 자라는 단계별 낱말 퍼즐
1단계
❶고 습 도 ❷치
조 료
❸선 풍 ❹기
❺역 무 ❻원
수
▲118쪽
❶망 아 ❷지
건 하
❸덩 실 덩 ❹실
❺발 굴 내
목 ❻국 화
▲120쪽
❶고 구 ❷마
인 ❸당 나 ❹귀
❺돌 ❻풍 뚜
경 라
❼백 화 점 미
▲122쪽

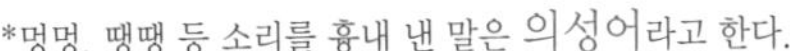

	❶신	호	❷등	
			❸교	❹복
❺냉	방	❻병		숭
장		❼아	시	아
❽고	사	리		

▲124쪽

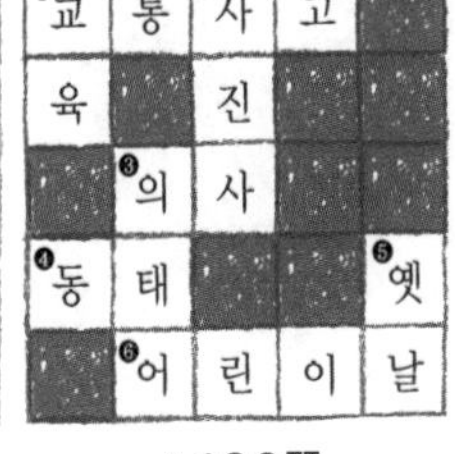

❶교	통	❷사	고	
육		진		
	❸의	사		
❹동	태			❺옛
	❻어	린	이	날

▲126쪽

❶널	뛰	❷기		
름		❸타	이	❹어
				부
		❺두	더	지
❻그	저	께		리

▲128쪽

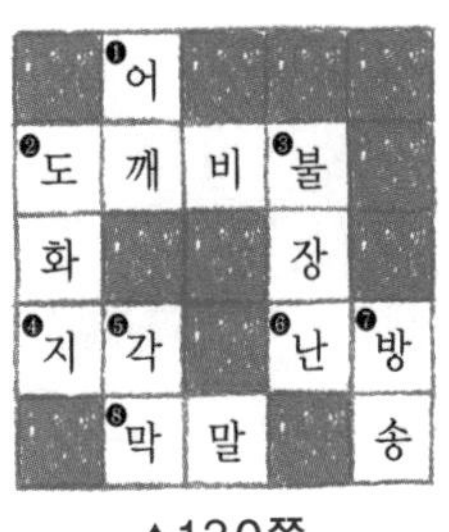

	❶어			
❷도	깨	비	❸불	
화			장	
❹지	❺각		❻난	❼방
	❽막	말		송

▲130쪽

❶손	수	❷건		
오		❸물	안	경
❹공	❺기			
	❻관	찰	❼사	
	사		❽과	거

▲132쪽

❶홍	수		❷거	❸지
난				름
❹파	❺산		❻눈	길
	❼삼	총	사	
			람	

▲134쪽

*1/2, 2/5처럼 분자가 분모보다 작은 분수는 진분수라고 한다.

		❶가	위	
		분		
	❷과	수	❸원	
❹휴	일		두	
지			❺막	차

▲136쪽

❶신	문	❷고		
		추		
❸천	❹하	장	❺사	
❻국	회		물	
	탈		❼함	정

▲138쪽

❶전		❷진	딧	❸물
❹설	❺거	지		레
	짓			방
	❻말	❼투		아
		❽정	리	

▲140쪽

*사투리는 방언이라고도 한다.

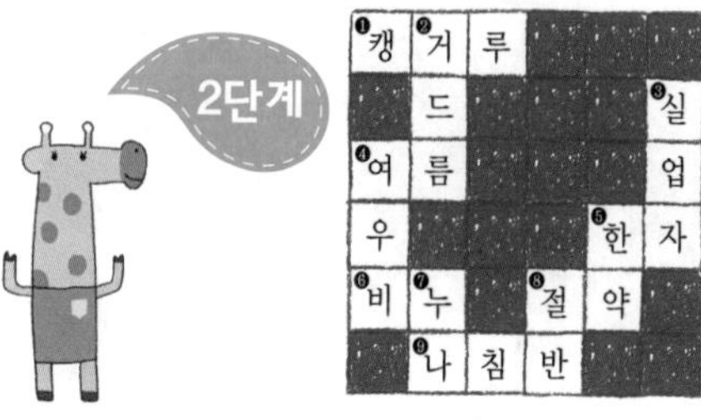

▲144쪽

❶사	투	❷리			
		❸본	❹문		
			❺장	❻단	
				❼풍	❽덩
	❾유	모	❿차		어
			⓫도	토	리

▲146쪽

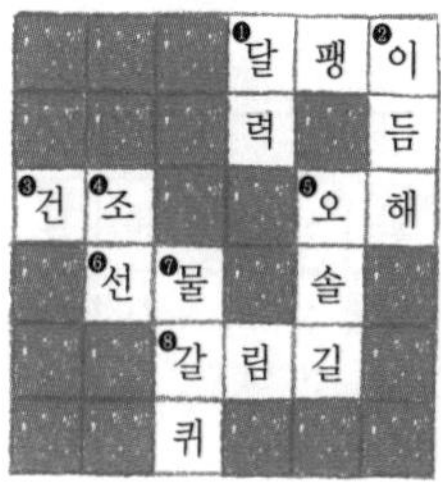

▲148쪽

▲150쪽

▲152쪽

*백만장자 역시 큰 부자를 뜻한다.

▲154쪽

▲156쪽

▲158쪽

* '법원' 에는 대법원, 고등 법원, 지방 법원, 가정 법원 등이 있다.

▲160쪽

▲162쪽

*신도시는 인구 과밀, 교통 체증, 주택난 등을 해소하기 위해 만든다. 세종시는 대표적인 신도시.

▲164쪽

▲166쪽

▲168쪽

▲170쪽

▲172쪽

▲174쪽

▲178쪽

▲180쪽

*우리나라에서는 2000년에 김대중 대통령이 노벨 평화상을 수상하였다.

▲182쪽

▲184쪽

▲186쪽

*흥선 대원군은 흔히 대원군이라고 한다.

▲188쪽

▲190쪽

▲192쪽

▲196쪽

자	다	라	바	나	나
차	타	카	가	아	라
자	라	아	나	타	바
바	가	카	사	아	나
사	자	나	카	바	다
가	마	하	마	파	아
파	나	바	가	자	카
다	하	가	아	마	차

▲197쪽

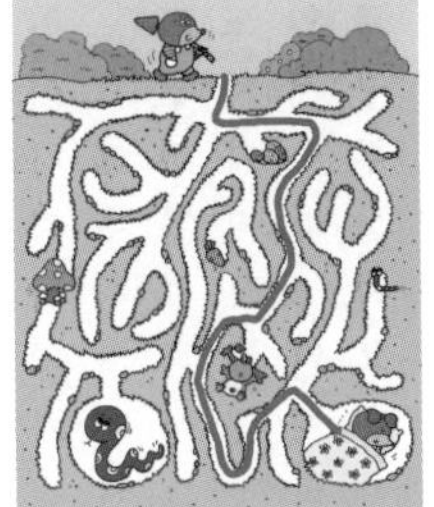

▲198쪽

▲199쪽

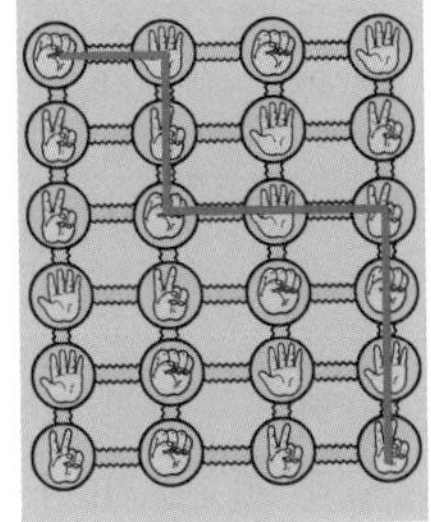

▲200쪽

▲201쪽

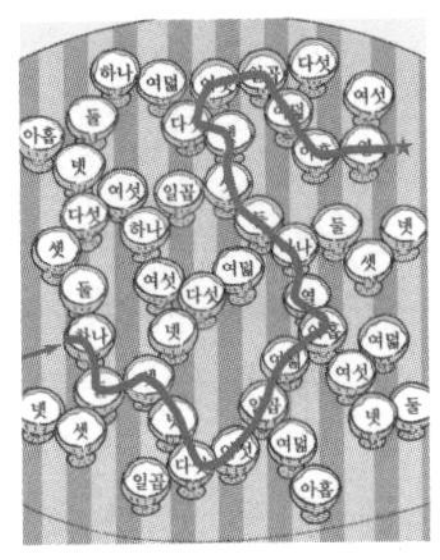

▲202쪽

▲203쪽

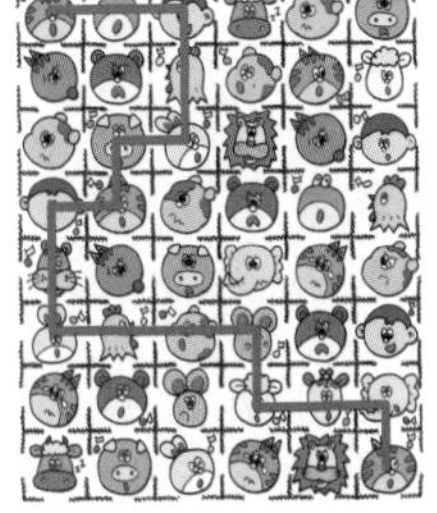

▲206쪽

*노래기: 고약한 노린내를 풍기는 노래기강의 절지동물

▲207쪽

▲208쪽

요	두	로	미	여	유
두	루	이	여	우	이
루	미	더	미	도	리
우	래	머	두	루	미
여	우	르	여	미	도
우	두	노	위	아	두
도	루	드	여	우	루
두	미	루	우	여	이

▲209쪽

▲210쪽

▲211쪽

▲212쪽

▲213쪽

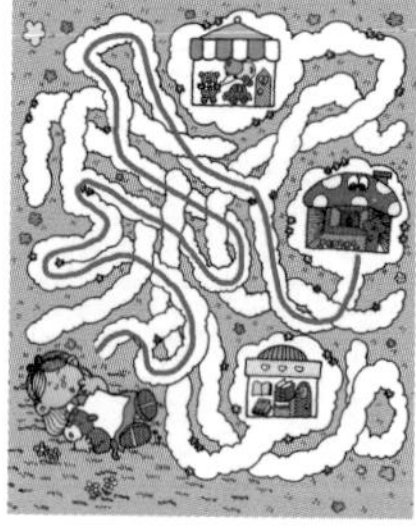

▲214쪽

까	꺼	꾸	꿩	규	꼽
꼰	끈	꿩	깽	규	골
낀	곤	꿈	꼽	껌	깜
꾀	꺼	끄	깨	꾸	꾼
꿀	꼬	꽂	꿩	꼼	꿀
꺼	께	꽃	꾸	꼬	꺄
낀	꿍	꼽	꺼	끌	꽁
글	권	꽁	꿋	깻	끝

▲215쪽

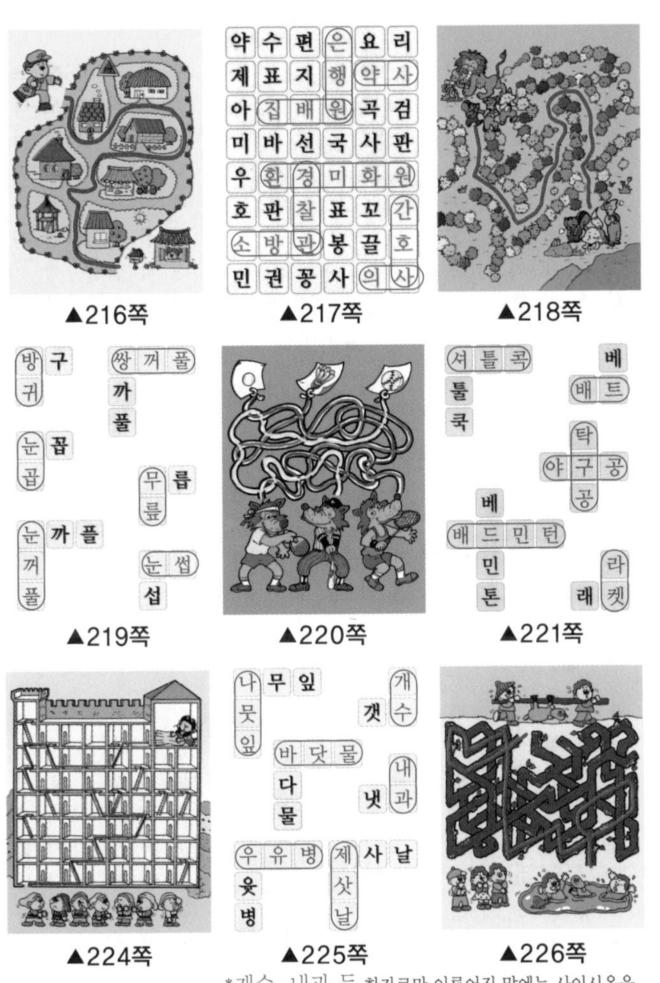

▲216쪽 ▲217쪽 ▲218쪽

▲219쪽 ▲220쪽 ▲221쪽

▲224쪽 ▲225쪽 ▲226쪽

*개수, 내과 등 한자로만 이루어진 말에는 사이시옷을 붙이지 않는다. 예외: 곳간, 셋방, 숫자, 찻간, 툇간, 횟수

당	다	귀	도	지	다
나	더	걸	래	도	리
귀	걸	이	갈	로	바
보	가	글	시	비	노
수	비	루	비	차	에
거	다	름	누	에	커
구	박	표	기	너	초
두	호	거	후	지	구

▲227쪽

▲228쪽

요	리	책	국	자	프
리	주	걱	래	도	라
사	과	이	갈	로	이
토	수	칼	거	비	팬
마	원	숭	이	차	숟
주	설	자	슬	커	가
전	박	냄	비	행	기
거	냄	새	젓	지	린

▲229쪽

▲230쪽

침	팬	조	도	주	자
대	나	무	처	도	라
거	과	지	고	로	이
생	책	개	미	비	팬
쥐	원	허	꾸	러	우
자	동	료	라	문	가
앨	안	경	지	렁	이
록	블	오	공	책	불

▲231쪽

▲232쪽

팡	펭	구	펭	귄	펭
팽	귄	펑	펭	팡	균
펭	길	펭	귄	귄	펑
귄	펭	귄	퐁	펭	귄
균	팡	귄	꾸	균	펭
펭	귄	펭	고	팽	귄
귄	팡	귄	펭	귄	팽
펭	귀	펑	균	핑	귄

▲233쪽

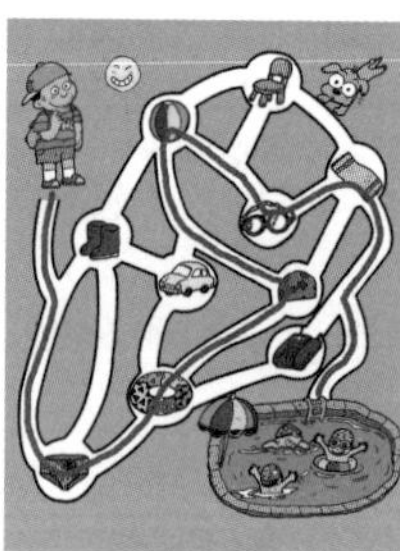
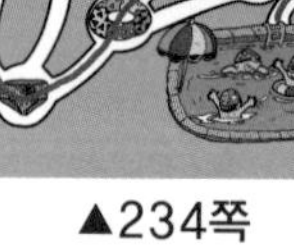

▲234쪽

수	레	화	부	튜	투
안	강	자	의	브	비
물	부	장	수	토	경
자	동	수	영	복	사
균	차	건	모	치	볼
의	솔	화	고	비	두
물	안	경	장	치	양
자	의	우	수	볼	구

▲235쪽

▲236쪽

파	축	구	광	견	방
농	구	들	마	당	비
돼	공	정	동	균	청
쥐	굴	타	이	어	수
안	테	나	박	시	계
내	권	못	고	신	선
문	인	입	솥	발	팡
안	형	순	솜	방	이

▲237쪽

▲238쪽

수	학	구	농	귀	야
양	수	축	고	소	군
타	영	기	농	영	수
구	슈	양	귀	축	야
추	영	구	탁	구	농
농	수	야	축	규	축
구	여	수	열	야	죽
야	구	양	탁	추	구

▲239쪽

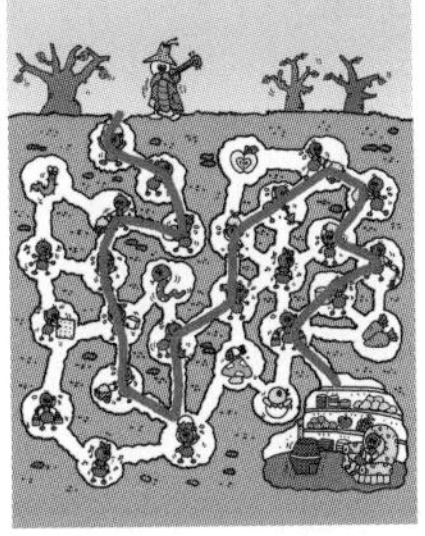

▲240쪽

가	구	게	쟁	이	미
거	리	개	그	맨	군
고	개	군	쟁	호	장
개	나	리	개	무	줄
천	비	개	구	리	밥
절	노	암	쟁	초	상
게	파	나	이	개	미
임	리	무	지	거	물

▲241쪽

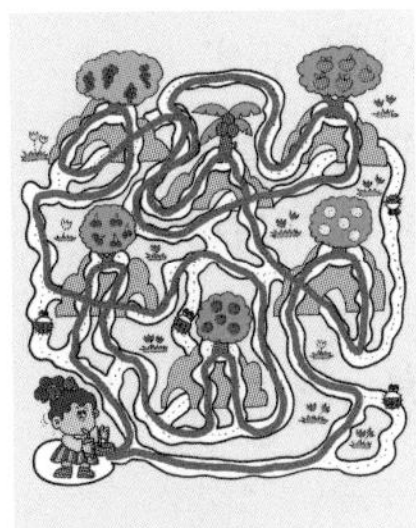

▲242쪽

과	일	개	무	버	찌
구	기	카	메	로	도
노	장	미	꾸	래	지
레	나	국	가	우	점
서	리	개	수	박	붕
요	두	나	버	사	과
한	강	림	송	새	수
나	리	감	아	거	원

▲243쪽

잘못 쓰기 쉬운 우리말

알쏭달쏭 잘못 쓰기 쉬운 우리말을 꼼꼼히
잘 살펴보며 정확히 익히세요.

잘못 쓰인 경우	표준어	참고 사항
가까와(서)	가까워(서)	학교가 가까워(서)
강남콩	강낭콩	강낭콩을 넣어 지은 밥
객적다	객쩍다	객쩍은 소리 하지 마.
고삿	고샅	시골의 좁은 골목길
고간	곳간	물건을 넣어 두는 곳
광우리	광주리	
괴로와하다	괴로워하다	괴로워하지 마세요.
괴퍅하다	괴팍하다	괴팍한 성격
~구료	~구려	참 고맙구려.
~구면	~구먼	벌써 겨울이구먼.
귀절	구절	시의 한 구절
귀고리	귀걸이(방한용)	따뜻한 귀걸이
귀뜸/귀틤	귀띔	넌지시 귀띔해 다오.
귀개/귀지개	귀이개	
글구	글귀	아름다운 글귀
까탈스럽다	까다롭다	
깍둑이	깍두기	설렁탕에는 깍두기

깍정이	깍쟁이	서울 깍쟁이
깡총깡총	깡충깡충	토끼가 깡충깡충
꼭둑각시	꼭두각시	꼭두각시놀음
끄나불	끄나풀	××의 끄나풀
나무래다	나무라다	나무라지 마세요.
나뭇군	나무꾼	선녀와 나무꾼
낭떨어지	낭떠러지	
~나기	~내기	서울내기, 신출내기
남비	냄비	
얌냠	냠냠	냠냠 맛있게 먹다.
너댓	네댓	넷이나 다섯
네째	넷째	
~녁	~녘	동녘, 해뜰 녘
농짓거리	농지거리	
눈꼽	눈곱	눈곱이 끼다.
닐리리	늴리리	
닝큼	닁큼/냉큼	
~다구	~다오	부디 연락해 다오.
담은	담근	집에서 담근 김치
담배꽁추	담배꽁초	
담장이덩굴	담쟁이덩굴	
대귀	대구	대구(對句)
대싸리	댑싸리	

대잎	댓잎	댓잎이 푸르다.
더우기	더욱이	
돐	돌	첫돌 잔치
동당이치다	동댕이치다	
두째	둘째	
~동이	~둥이	귀염둥이, 재롱둥이
뒷꿈치	뒤꿈치	
뒤머리	뒷머리	
등떠리	등때기	
딱다구리	딱따구리	
땟갈	때깔	때깔 좋은 비단
똑닥단추	똑딱단추	
또아리	똬리	뱀이 똬리를 틀다.
마구잽이	마구잡이	일을 마구잡이로 하다.
망그뜨리다	망가뜨리다	
멧돌/매돌	맷돌	콩을 맷돌에 갈다.
먼발치기	먼발치	조금 멀리 떨어진 곳
멧쌀	멥쌀	멥쌀로 밥을 짓다.
무우	무	무로 깍두기를 담그다.
문귀	문구	글의 귀절. 文句
미류나무	미루나무	
미싯가루	미숫가루	
밀집모자	밀짚모자	여름에는 밀짚모자

바램	바람	원하거나 기대함
베개잇	베갯잇	
볍씨	볍씨	볍씨를 뿌리다.
보통이	보퉁이	
뽄새	본새	말하는 본새
봉숭화	봉숭아/봉선화	
부스럭지	부스러기	떡 부스러기
부억	부엌	
부주금	부조금	부조금(扶助金)
빛갈	빛깔	
뻗장다리	뻗정다리	
삭월세	사글세	월세
사둔	사돈	
삵괭이	살쾡이	
삼춘	삼촌	삼촌(三寸)
상치	상추	상추쌈
새벽별	샛별	금성(金星)
생각컨대	생각건대	생각건대 그게 좋겠다.
새앙쥐	생쥐	
설겆이	설거지	
섭섭치	섭섭지	섭섭지 않게 해 주마.
세째	셋째	
숨박꼭질	숨바꼭질	술래잡기

숫놈	수놈	이 개는 수놈이야.
숫것	수컷	
~읍니다	~습니다	
시귀	시구	시구(詩句)
시늠시늠	시름시름	시름시름 앓다.
신기스럽다	신기롭다	
심부름군	심부름꾼	
쪽밤	쌍동밤	한 톨에 두 쪽 든 밤
쌍동이	쌍둥이	
아래이	아랫니	
웃니	윗니	
아름다와(서)	아름다워(서)	
아뭏든	아무튼	아무튼 해낼 거야.
앗아라	아서라	
아지랭이	아지랑이	아지랑이가 아른아른
안절부절하다	안절부절못하다	안절부절못하고 있다.
구슬사탕	알사탕	
애닯다	애달프다	애달픈 마음
양치물	양칫물	
둥근파	양파	매운 양파
어깨넘어로	어깨너머로	어깨너머로 배우다.
어지중간	어중간	
펀뜻	언뜻	언뜻 눈에 띄다.

노다지	언제나	언제나 웃는 얼굴이네.
어름	얼음	얼음이 얼었다.
~엘랑	~에는	그곳에는 가지 마.
여늬	여느	여느 사람 같으면
열심으로	열심히	
오금탱이	오금팽이	
오똑이	오뚝이	오뚝이 같은 인생
~올습니다	~올시다	사실이 아니올시다.
우두머니	우두커니	우두커니 있지 마.
우뢰	우레	우레 같은 함성
윗돈	웃돈	웃돈을 얹어 주다.
윗어른	웃어른	웃어른께 반말을 해?
윗옷	웃옷	겉에 입는 옷
웃옷	윗옷	상의(上衣)
웃층/윗층	위층	위층에 사는 사람
윗통/위통	웃통	몸의 허리 위 부분
웃도리	윗도리	
웃목	윗목	윗목에 앉다.
웃몸	윗몸	
웃입술	윗입술	
으레/의례	으레	두말할 것 없이
익숙치	익숙지	일에 익숙지 않아
인용귀	인용구	인용구투성이 문장

일군	일꾼	일꾼이 모자라다.
일찌기	일찍이	일찍이 신라 때부터
오얏	자두	
자리세	자릿세	
잔전	잔돈	잔돈으로 바꾸다.
장사아치	장사치	
저으기	적이	적이 안심이 된다.
전선대	전봇대	
전세집	전셋집	전셋집을 얻다.
제사날	제삿날	
주착	주책	
주초돌	주춧돌	
지리하다	지루하다	매일매일 지루하다.
진무르다	짓무르다	살갗이 짓무르다.
짝	쪽	이쪽 저쪽
찌꺽지	찌꺼기	
차칸/차간	찻간	찻간을 오가다.
차집	찻집	
철때기	철따구니	=철딱서니
알타리무/알무	총각무	총각무로 담근 김치
잇솔	칫솔	
간	칸	방 한 칸
케케묶다	케케묵다	케케묵은 이야기

코맹녕이	코맹맹이	코맹맹이 소리
콧배기	코빼기	코빼기도 안 내민다.
코병	콧병	콧병을 앓다.
키값	킷값	킷값도 못 하다.
태줄	탯줄	
퇴마루	툇마루	툇마루에 앉아 놀다.
트기/틔기	튀기	혼혈
판잣대기	판자때기	
팔굼치	팔꿈치	
푼전, 분전	푼돈	푼돈이라도 벌어야지.
피기	핏기	핏기 없는 얼굴
하니바람	하늬바람	서풍(西風)
하옇든	하여튼	
해수	햇수	햇수로 10년
허드래	허드레	
허위대	허우대	허우대가 좋다.
허위적허위적	허우적허우적	
호루루기	호루라기	호루라기를 불다.
홀쪽이	홀쭉이	뚱뚱이와 홀쭉이
회배	횟배	횟배를 앓다.
회수	횟수	전화를 건 횟수
후일	훗일	=뒷일
흉헙다	흉업다	흉어운 행동

잘못 쓰기 쉬운 외래어

'외래어'란 외국에서 들어와 우리말처럼 쓰이는 말을 이릅니다. 여러 가지로 적으면 혼란이 일어나므로 표준어를 정해 그에 따르게 하고 있답니다.

잘못 쓰인 경우	표준어	순화한 말
그람	그램(g)	
기브스	깁스	석고 붕대
넌센스	난센스	당찮은 말/일
도나쓰, 도너츠	도넛	
디지탈	디지털	수치형, 숫자식
로보트	로봇	
로케트	로켓	
로타리	로터리	환상 교차로
리더쉽	리더십	지도력, 통솔력
리모콘	리모컨	원격 조정기
리봉	리본	
링겔	링거	
마후라	머플러	
매니아	마니아	
메세지	메시지	전갈
보나스	보너스	상여금
부저	버저	

부페	뷔페	
비스켓	비스킷	
비지니스	비즈니스	사업
빠떼리	배터리	축전지
사루비아	샐비어	
샤시	새시	창틀
소세지	소시지	
쇼파	소파	긴 안락의자
세멘트	시멘트	
수퍼마켓	슈퍼마켓	
심볼	심벌	상징
알카리	알칼리	
에머랄드	에메랄드	
에스커레이터	에스컬레이터	자동계단
오리지날	오리지널	독창적, 원본
올간/올갠	오르간	풍금
워크샵	워크숍	공동 수련/연수
자켓	재킷	웃옷
자크	지퍼	
째즈	재즈	
제스춰	제스처	몸짓
쥬스	주스	
초콜렛	초콜릿	

카라	칼라	옷깃
칼라	컬러	빛깔, 색상
카라멜	캐러멜	
캐롤	캐럴	
카렌다	캘린더	달력
카페트	카펫	양탄자
케익	케이크	
콜크	코르크	
코메디	코미디	희극
콤파스	컴퍼스	걸음쇠, 양각기
타겟	타깃	목표, 중심, 표적
타올	타월	수건
탈렌트	탤런트	
덤부링	텀블링	공중제비
테레비젼	텔레비전	
팀웍	팀워크	협동
팬더	판다	
판토마임	팬터마임	무언극
팜플렛	팸플릿	소책자, 작은 책자
뼁끼	페인트	
플랭카드	플래카드	현수막
헬리콥타	헬리콥터	
화이팅	파이팅	힘내자

2022년 11월 5일 개정판 1쇄 인쇄
2022년 11월 15일 개정판 1쇄 발행
엮은이 · 이야기공방
펴낸이 · 이정형 | **펴낸곳** · 도서출판 학은미디어
주 소 · 서울 양천구 남부순환로 340, 4층 A
전 화 · 02)2632-0135~6 | **팩 스** · 02)2632-0151
등록번호 · 333-34-00865
기획 · 편집책임 · 육은숙 | **편집** · 박수진
디자인 · YP-design

ISBN 978-89-8140-689-9   00710